Der dänische Film

Filmgeschichte *kompakt*

Der dänische Film

Niels Penke

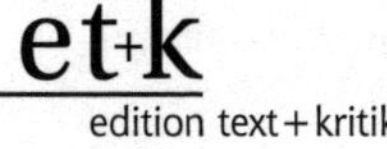
edition text + kritik

Bibliografische Information der Deutschen Nationalbibliothek
Die Deutsche Nationalbibliothek verzeichnet diese Publikation in der Deutschen Nationalbibliografie; detaillierte bibliografische Daten sind im Internet über www.dnb.de abrufbar.

ISBN 978-3-68930-006-7

Levelingstraße 6a, 81673 München
www.etk-muenchen.de

Umschlaggestaltung: Thomas Scheer
Umschlagabbildung: Carl Theodor Dreyer: Vampyr (1932)
© Danish Film Institute
Satz und Bildbearbeitung: Olaf Mangold Text & Typo, 70374 Stuttgart
Druck und Buchbinder: Esser printSolutions GmbH,
Westliche Gewerbestraße 6, 75015 Bretten

Inhalt

1 Vorwort

Egal, welche Klischees von Skandinavien und dem skandinavischen Kino wir vor dem inneren Auge haben, sie werden sich filmisch bestätigen lassen. Kaum verwunderlich, sind Filme und Serien doch mit dafür verantwortlich, wie wir uns Länder und Menschen vorstellen, die wir aus eigener Erfahrung gar nicht oder nur in wenigen Ausschnitten kennen. Aber nicht nur das Bekannte, die Klischees und Stereotype sind es, die filmisch ins Bild gesetzt und vermittelt werden, es sind auch – und darin liegt der eigentliche Reiz von Filmen aus Gegenwart wie Vergangenheit – die Abweichungen, Brüche, Gegensätze und Alternativen, mit denen sich Gesellschaften im Großen wie im Kleinen selbst darstellen und beschreiben. Bilder, mit denen sie von anderen gesehen und fortan beschrieben werden. Wer an Skandinavien denkt und die typischen Motive vor dem inneren Auge passieren lässt, denke sich bitte auch ihr jeweiliges Anderes als ein komplementäres Gegenteil dazu. Helligkeit und Dunkelheit, Weite und Beengtheit, Heiterkeit und Fröhlichkeit ebenso wie bedrohliche und angsteinflößende Situationen, nicht zuletzt ländlich-abgeschiedene wie urbane Räume, zwischen denen Kontraste besonderer Formen des ›Eigenen‹ und einem Allgemeinen entstehen. Qualitäten und Eigenschaften, die viele skandinavische und damit auch dänische Filme auszeichnen und ein Image zwischen (häufig ländlicher) Idylle und (gesellschaftlichem wie seelischem) Abgrund geprägt haben. Was daraus entsteht, sind Images, die die Publikumserwartungen in allen Teilen der Welt bestimmen. Doch nicht selten finden sich diese unmittelbar benachbart in einem einzigen Film, der diese Gegensätze zum Thema oder auch zum ästhetischen Prinzip macht (von Urban Gads AFGRUNDEN mit Asta Nielsen bis zu Lars von Triers ANTICHRIST sind dies gar nicht so wenige). Allerdings stehen Idylle und Abgrund zumeist in anderen Spannungsverhältnissen als dies in den Filmen der schwedischen und norwegischen Nachbarn der Fall ist. Denn Dänemark fehlen die endlos scheinenden Wälder und die Berge, die von *Nils Holgersson* bis zu den Zombies von DEAD SNOW die erhabenen Kulissen des nördlicheren Nordens bilden. Dänemark ist der südlichere, weniger wilde Norden, der zwar auch vom Gegensatz Land und Wasser bestimmt wird, der jedoch (nicht erst, aber besonders) im 20. Jahrhundert ungleich stärkere Beziehungen zu Deutschland und einigen anderen europäischen Ländern hat.

In der Frühphase des Films, in der die Bilder laufen lernen und sich bald in Richtung Lang(strecken)film entwickeln, gehört Dänemark zu den weltweit führenden Filmnationen. Diese große Zeit des dänischen Films fällt in die ersten Jahrzehnte des 20. Jahrhunderts, als Filmpionier Ole Olsen (1863–1943) die für den europäischen Film wegweisende Nordisk Film Kompagni (1906) begründete und mit Asta Nielsen (1881–1972) einer der ersten Weltstars in Erscheinung trat. Kopenhagen war zu dieser Zeit eine Metropole des Films, die mit Berlin, Paris und Los Angeles (Hollywood) konkurrierte, und diesen in Nichts nachstand. Ob Krimi oder Science Fiction, exotisierende oder erotische Sujets – die frühen Filme bedienten bereits eine große Breite an Themen und Genres. Doch schon bald verschieben sich die Gesamtkonstellationen und es wird deutlich, welche Folgen Globalisierung, steigende Popularität und sich verfestigende Marktmacht entfalten, wenn sich einige wenige Zentren herausbilden, die fortan die Produktion dominieren und als Leitbild für alle anderen fungieren, die sich nach den Marktführen ausrichten und im Kleinen reproduzieren, was andernorts vorgemacht wird. Die daraus erwachsenden Herausforderungen, die nicht selten Zerreißproben darstellen, zeigen sich besonders deutlich am Beispiel von dänischen Filmschaffenden. Der Erfolg führt auch dazu, dass einige namhaft gewordene, vor allem jüngere, aufstrebende Filmschaffende, Regisseure wie Schauspielerinnen das Land verlassen und sich in den USA, Frankreich oder Deutschland noch bessere Möglichkeiten und weitere Karrieresprünge erhoffen. Anders als im Theater, ist der internationale Austausch (vor allem beim Stummfilm) für Schauspieler und Schauspielerinnen deutlich einfacher. Bereits in der Frühphase wird dadurch die nicht einfach zu beantwortende Frage aufgeworfen, was einen Film eigentlich als *dänisch* qualifiziert – der Ort, an dem er gedreht wird, dass die für Regie, Drehbuch und Produktion verantwortlichen Personen oder der überwiegende Cast aus Dänemark stammen oder dass der Originalton in dänischer Sprache gehalten ist? Je nachdem, welchen Akzent man priorisiert, wirft dies Zurechnungsprobleme auf, denn einige ›dänische‹ Filme wurden in Schweden oder Deutschland gedreht, einige Filmschaffende gingen nach Berlin oder in die USA, um dort zu drehen, und sprachliche Abweichungen und Verschränkungen gibt es ebenfalls. Eine Reihe von herausragenden Pionierarbeiten des Stummfilmzeitalters (wie auch des Tonfilms) tragen einen dänischen Stempel: Benjamin Christensens HÄXAN (1922) oder Carl Theodor Dreyers LA PASSION DE JEANNE D'ARC (1929) und VAMPYR. DER TRAUM DES ALLAN GREY (1932) wurden zu international viel beachteten Klassikern der Filmgeschichte. Sie wurden zwar von dänischen Regisseuren verantwortet, sind aber bereits nicht mehr in Dänemark und (die Titel zeigen dies an) auf Dänisch entstanden, sondern wurden in Schweden, Frankreich und Deutschland gedreht. Da Filme immer von vielen Beteiligten geschaffen werden, ist die Zurechnung mal nach dem einen, mal nach einem anderen Kriterium begründet – damit verweist sie aber jedes Mal auf die Schwierigkeit, eine politische Kategorie wie die der Nation auf künstlerische (zumal kollaborative) Produktion zu übertragen, die wie der Film von Anfang an einen stets deutlicher werdenden transnationalen Charakter hat.

Diese Verhältnisse sind mitunter auch stark von der politischen Geschichte des Landes geprägt. Im Hintergrund steht Dänemarks koloniales Erbe und das verschwindende Großreich, das Grönland, Island, die Färöer-Inseln und Dänisch-Westindien umfasste, aber zeitweilig auch Teile von Norwegen und Schweden unter seiner Herrschaft vereinte. In Dänemark besteht eine (mittlerweile konstitutionelle) Monarchie, die sich bis ins 10. Jahrhundert zurückverfolgen lässt. Die dänische Gesellschaft ist insofern traditionell und liberal zugleich, sie hat das nordische Wohlfahrtsstaatmodell mitgeprägt, begann jedoch in den letzten Jahrzehnten ihre Liberalität und Offenheit zurückzubauen, wie sich in neoliberal motivierten Kürzungen und einem rigideren Kurs in der Asyl- und Migrationspolitik zeigt. In den 1930er und 1940er Jahren des 20. Jahrhunderts wiederum befand sich Dänemark unter deutscher Okkupation und wurde auch in den Zweiten Weltkrieg hineingezogen, was für die Themen und die Bedingungen, unter denen Filme produziert werden konnten, nicht unerheblich war. Auch die Gründung der Filmhochschule (Den Danske Filmskole, 1966) und des Filminstituts (Det Danske Filminstitut, 1972) sind zwei entscheidende Wegmarken, die dem dänischen Film nach schwierigen Phasen in der Jahrhundertmitte starken Auftrieb gegeben haben. Ab den 1970er Jahren erschienen wieder nennenswerte Produktionen, die nicht bloß dem einheimischen Publikum gefielen, sondern auch wieder international Aufmerksamkeit und Zuspruch erfuhren. Dies gilt für die liebenswürdig klamaukigen Unternehmungen der OLSEN-Bande (14 Teile, 1968–1998) und prominent besetzte Literaturverfilmungen wie den historisch orientierten PELLE EROBREREN (PELLE DER EROBERER, 1987) oder den kühlen, unheimlichen Thriller SMILLA'S SENSE OF SNOW (FRÄULEIN SMILLAS GESPÜR FÜR SCHNEE, 1997), beide unter Regie von Bille August. Aber auch für schwarze Komödien voll bösen, betont provokativen Humors wie I KINA SPISER DE HUNDE (IN CHINA ESSEN SIE HUNDE, 1999) oder ADAMS ÆBLER (ADAMS ÄPFEL, 2005), bis hin zu den sich bewusst allen angestammten Kategorien entziehenden *Dogma-95*-Filmen und internationalen Serienproduktionen, die den kulturellen wie politischen Nah- und Grenzbeziehungen zu Schweden (besonders in BROEN, dt. DIE BRÜCKE – TRANSIT IN DEN TOD, 2011–2018) besondere Aufmerksamkeit schenken. Neben dem Idyllischen und dem Abgründigen sind es auch sexuelle Freizügigkeit und ein (trotz mancher Fantasie- und Fabelwesen, die auch in einigen der bisher genannten Filme auftauchen) ausgeprägter Hang zum Realismus, häufig im Zusammenspiel mit technischen Innovationen, die das dänische Kino auszeichnen.

Was Experten und Expertinnen dabei bevorzugen, deckt sich nicht immer mit dem, was dem großen Publikum gefällt. Dies ist auch beim dänischen Film der Fall. Die ›qualitativ‹ herausragendsten Filme, die 2006/2007 in den offiziellen

Kanon (*Kulturkanonen*) aufgenommen wurden, decken sich mit den Listen der populärsten Filme nur in einigen Fällen. Befragt man die reichweitenstärksten Film- und Kinoportale (*IMDb* oder *Rotten Tomatoes*) unserer Tage nach den ›besten‹ dänischen Filmen, stößt man vor allem auf Produktionen der letzten dreißig Jahre. Das filmhistorische Langzeitgedächtnis reicht kollektiv nicht besonders weit. Doch es lässt sich angesichts von ANTICHRIST, VALHALLA RISING oder BROTHERS auch leicht übersehen, wie vielfältig und ästhetisch wie thematisch weitreichend der dänische Film in den nunmehr (fast) 130 Jahren seiner Geschichte gewesen ist. Neben überragenden Filmschaffenden der frühen Phase wie Gad, Blom, Christensen und Dreyer, sind es in der Gegenwart vor allem Bille August (*1948), Lars von Trier (*1956), Lone Scherfig (*1959), Susanne Bier (*1960), Thomas Vinterberg (*1969), Nicolas Winding Refn (*1970) und Anders Thomas Jensen (*1972), die wieder an internationaler Sichtbarkeit und Beachtung gewonnen haben. Auch internationale Stars wie Mads Mikkelsen (*1965) und Alba August (*1990) spielen dabei eine nicht zu unterschätzende Rolle. Nominierungen für bedeutende internationale Filmpreise und zahlreiche Auszeichnungen mit dem César, Academy Award (Oscar), Europäischen Filmpreis oder in Cannes haben den dänischen Film fest auf der globalen Filmlandkarte etabliert.

In acht Kapiteln vollzieht dieses Buch die Geschichte des dänischen Films von seinen Anfängen bis heute nach. Eine komplette Rekonstruktion der medientechnischen, kulturellen, ökonomischen oder sozialen Entwicklungen, die die Produktion, Distribution und Rezeption von Filmen ermöglicht, beeinflusst, begünstigt oder zeitweilig auch behindert haben, kann man freilich nicht erwarten. Denn auch für die Filmgeschichte gilt, was für Kunst- und Literaturgeschichte akzeptiert werden muss: Niemand kann alles rezipieren und alles kennen, alle Kontexte miteinbeziehen oder sämtliche Folgen (im wahrsten Sinne des Wortes) auf dem Schirm haben. Die Schwerpunkte sind daher nach individuellen Präferenzen gesetzt, die sich wiederum durch wissenschaftliche Beschäftigungen in Seminaren, Vorträgen und früheren Publikationen herausgebildet haben. Die Nichtnennung oder bloße Erwähnung eines Films ohne vertiefte Auseinandersetzung soll daher keinesfalls als Werturteil oder gar Warnung verstanden werden, sondern vielmehr Anregung sein, eigene Entdeckungen zu machen und die Bilder, die in diesem Buch beschrieben und nachgezeichnet werden, zu erweitern und kontextuell zu ergänzen. Eine vollständige Darstellung kann es nicht geben, sie lässt sich allerdings durch vertiefende Lektüren weiterverfolgen, da es an Überblickswerken wie Detailstudien und kritischen Essays zum dänischen Film nicht mangelt. Weiterführende Literatur zur allgemeinen Orientierung und zum Weiterlesen sind im Anhang aufgeführt.

2 Anfänge und Blütezeit. Von der Jahrhundertwende bis zum Ende des Ersten Weltkriegs

1896 beginnt das Kinozeitalter in Dänemark, kaum ein Jahr, nachdem der Film durch die Familie Latham in New York, die Brüder Skladanowsky in Berlin und die Brüder Lumière in Paris für das zahlende Publikum öffentlich gemacht wurde. Im Kopenhagener Panorama-Kino am Rådhuspladsen (Rathausplatz) werden zunächst importierte Kurzfilme gezeigt, die selten länger als eine Minute Laufzeit besitzen, aber das ist egal. Einfahrende Züge, Straßenszenen mit hastig galoppierenden Pferden und vorbeirauschenden Straßenbahnen sind die Sujets dieser ersten Filme, bei denen der Inhalt noch völlig nebensächlich war. Denn die Faszination ging von den bewegten Bildern an sich aus, unabhängig von den gezeigten Gegenständen waren sie allein bereits eine Attraktion. Auch die neuen Möglichkeiten von Aufnahme und beliebig häufiger Reproduktion ein und derselben Szene frappierten das Publikum. Tüftler, Fotografen und Theatermacher hingegen inspirierten sie, vielerorts begannen sie, selbst mit dem Filmen anzufangen, Filme zu produzieren und zu veröffentlichen.

Der erste nachweisbare dänische Film stammt aus dem Jahr 1897: KØRSEL MED GRØNLANDSKE HUNDE (dt. »Fahrt mit grönländischen Hunden«). Der gerade einmal 45 Sekunden lange Streifen von Peter Elfelt (1866–1931) zeigt einen Hundeschlitten mit Lenker, der auf den Betrachter zufährt, aus dem Bild verschwindet, wieder zurückkehrt und schließlich in der Bildmitte zum Stehen kommt. Durch den Absturz (oder Absprung) des Mannes und den etwas ungelenken Versuch, wieder auf den Schlitten zu gelangen und die wenig erfolgreichen Bemühungen, die Hunde zu einer Fortsetzung der Fahrt anzutreiben, besitzt der Film eine slapstickhafte Komponente. Er lebt vom starken Kontrast zwischen den dunklen Hunden und dem bemannten Schlitten auf einer schneeweißen Fläche, in deren Hintergrund einige karge Bäume stehen. Elfelt dreht insgesamt um die 200 Kurzfilme, meist Naturaufnahmen, aber auch Wochenschau-Beiträge über die dänische Königsfamilie, da er 1901 zum »Kongelige Hoffotograf«, zum Königlichen Hoffotografen, ernannt wird. In diesem Jahr hält er den Staatsbesuch des russischen Zaren Nikolai II. in einer Art Dokumentarfilm (CZAR NIKOLAI II'S ANKOMST TIL HELSINGØR) fest.

Von Elfelt stammen noch zwei weitere Initialfilme: 1903 dreht er mit HENRETTELSEN (dt. »Die Hinrichtung«) den ersten dramatischen Spielfilm, und nur kurz darauf den ersten Werbefilm, einen Spot für das Bockbier der Svendborger Brauerei. HENRETTELSEN verdient Beachtung, auch wenn dieser nur fragmentarisch überliefert und nur über zeitgenössische Beschreibungen und Interviews in Gänze rekonstruierbar ist. Der Film zeigt den letzten Gang einer zum Tode verurteilten Kindsmörderin (gespielt von Francesca Nathansen), die von einem Priester und einem Gefängniswärter einen Gang entlang geführt und schließlich dem Henker übergeben wird. In dem fehlenden Schlussteil habe die Frau sich niedergekniet und ihren Kopf unter die Guillotine gelegt. Neu für den Film ist, dass Handlung außerhalb des gezeigten Ausschnitts stattfindet und stattgefunden hat (die Vorgeschichte wird ausgespart und die finale Hinrichtung nicht gezeigt), das Publikum also aktiv an der Sinnproduktion mitwirken muss. Das Nichtgezeigte ist gewissermaßen der ›Konstitutionsgrund‹[1] des Gezeigten. Zugleich behandelt HENRETTELSEN ein beliebtes Thema des 18. Jahrhunderts, die Kindsmörderin (man denke an Gretchen aus Goethes *Faust* oder die *Kindsmörderin*-Texte von Schiller und Heinrich Leopold Wagner). Damit kehrt etwas wieder und wird prominent in den Film eingebracht, was eigentlich einen anderen historischen Ort besitzt; der Film erweist sich als reaktionär, zumal er den *male gaze*, den von Laura Mulvey[2] beschriebenen »männlichen Blick« einnimmt (und die weibliche Perspektive unterschlägt). Mächtige, schwarzgekleidete Männer bestimmen über Leben und Tod einer einzelnen, ohnmächtigen Frau, die nicht zuletzt durch ihr helles Kopftuch auch optisch in einen deutlichen Kontrast zu den Männerfiguren gestellt wird. HENRETTELSEN rekurriert allerdings auf eine ›wahre Geschichte‹, der Film reklamiert damit eine realistische Stoffwahl und entsprechende Darstellung für sich. Dies gilt jedoch nicht für die eigentliche Hinrichtung, die doch immerhin den Titel gegeben hat. Elfelt schreckte, wie er später bekannte, vor der grauenhaften Vorstellung zurück, den (wenn auch nur fiktiven) Akt des Tötens filmisch darzustellen. Er hat daher getan, was zahlreiche Dramatiker wie August Strindberg (etwa in *Fröken Julie*) oder Henrik Ibsen (in *Hedda Gabler*) getan haben – den Tod der Frau außerhalb der Bühne stattfinden zu lassen und nur über eindeutige Symbole zu zeigen (bei Elfelt die Guillotine, bei Strindberg ein Rasiermesser, bei Ibsen ein Revolver).

Den Akt des Tötens hat nur wenige Jahre später ein anderer auf die Leinwand gebracht. Ole Olsen, der Gründer der Nordisk Film, reüssierte 1907 mit zwei spektakulären Filmen, die juristische Auseinandersetzungen zur Folge hatten und bis heute kritisch diskutiert werden. ISBJØRNEJAGT (DIE EISBÄRENJAGD) und LØVEJAGTEN PÅ ELLEORE (LÖWENJAGD AUF ELLEORE), die das ins Zentrum stellen, was ihre Titel ankündigen: inszenierte Jagden auf stets altersschwache Tiere, die vor laufender Kamera erschossen werden. Olsens wichtigster

1 Wolfgang Iser, *Der Akt des Lebens. Theorie ästhetischer Wirkung.* München 1976, S. 348.

2 Vgl. Laura Mulvey, »Visual pleasure and narrative cinema«, in: *Screen*, Vol. 16.3, 1975, S. 6–18.

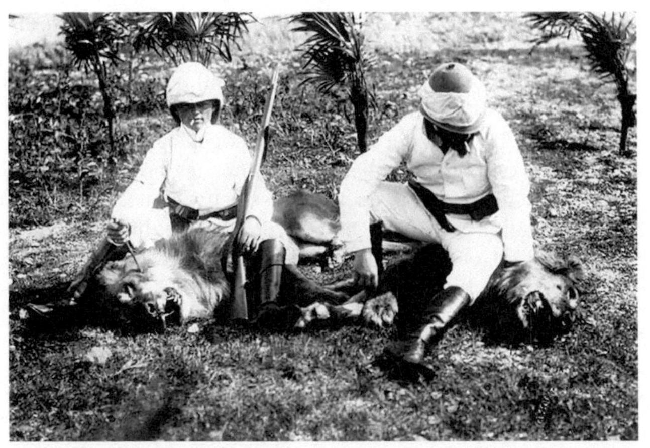

LØVEJAGTEN PÅ ELLEORE

Partner war Viggo Larsen (1880–1957), der in nur fünf Jahren als Drehbuchautor, Regisseur und Schauspieler (zum Teil in Personalunion) an mehr als 100 Filmproduktionen beteiligt war. Mit Larsen arbeitete Olsen bei beiden Jagd-Filmen zusammen. Zu Beginn des Jahres 1907 hatte Olsen einen Eisbären erwerben können, den er für seinen Film auf dem zugefrorenen Öresund in Szene setzte und dort erschießen ließ. Da dieser Film ein Publikumserfolg wurde, wiederholte Olsen den Ansatz mit zwei Löwen, die er für 5000 Kronen von Hagenbecks Tierpark kaufte. Als Kulisse diente die Insel und spätere Mikronation Elleore im Roskilde-Fjord, die mit exotischen Pflanzen ausstaffiert wurde, um für die filmische ›Jagd‹ zumindest den Anschein eines afrikanischen Urwald-Szenarios zu erwecken. In elf Minuten entwirft der Film eine koloniale Fantasie, in der zwei Großwildjäger (Viggo Larsen und Knud Lumbye) mit Hilfe eines schwarzen Fährtenlesers (William Thomsen) einigen Tieren (Zebra, Gorilla, Flusspferd) freundlich begegnen, um schließlich nacheinander auf der ›Jagd‹ zwei Löwen zu erschießen. Auch wenn nur die Tötung des ersten gezeigt wird, sind es in beiden Fällen dieselben Gesten und Rituale, die den erfolgreichen Abschuss begleiten – die Tiere werden gehäutet, als Trophäen präsentiert und die beiden behelmten Jäger rauchen triumphal eine Zigarette, die sie zum Abschluss auch ihrem Helfer anbieten.

Gegen die Löwenjagd wurde (vor allem) publizistisch protestiert und sie führte zu gerichtlichen Auseinandersetzungen, in denen Olsen der Tierquälerei angeklagt wurde. Während Olsen den Prozess über sich ergehen lassen musste (und freigesprochen wurde, da die altersschwachen Tiere von professionellen Schützen getötet wurden und ohnehin hätten eingeschläfert werden müssen), setzte Larsen das erfolgreiche Prinzip noch einmal um: 1908 produzierte er BJØRNEJAGT I RUSLAND (BÄRENJAGD IN RUSSLAND), für den sogar fünf Eisbären getötet wurden. Wer dem Film aus moralischen Gründen oder technikkritisch gegenüberstand, fand in der Verbindung von Schau- und Mordlust gute Argumente gegen den amoralischen Geist des neuen Mediums, der alles um guter (Authentizitäts-)Effekte Willen zu tun bereit schien.

Weitere Erfolge hatte Larsen als Sherlock Holmes, den er in sechs Filmen der großangelegten Holmes-Reihe der Nordisk Film (zwischen 1908 und 1911 entstanden dort elf Filme) verkörperte, dazu auch Regie führte und die Drehbücher verfasste. Nach großen Erfolgen (den Auftakt bildete SHERLOCK HOLMES I LIVSFARE, der wie fast alle nachfolgenden Teile *Sherlock in Lebensgefahr*, aber ohne seinen Assistenten Dr. Watson zeigte) ging Larsen nach Unstimmigkeiten mit Olsen 1910 nach Berlin, um dort für die Vitascope erneut als Sherlock Holmes aufzutreten. Die fünfteilige Reihe ARSÈNE LUPIN CONTRA SHERLOCK HOLMES (die, zumindest in den ersten drei Teilen, auf Erzählungen Maurice Leblancs basierte und nichts mit den Vorlagen Arthur Conan Doyles zu tun hatte) setzte auf die Konfrontation des genialen Detektivs mit dem ebenso brillanten Meisterdieb und Gentleman Lupin (Paul Otto). Die restlichen Holmes-Filme der Nordisk mussten indessen die Rolle mit wechselnden Schauspielern besetzen, ohne an die ersten Erfolge anknüpfen zu können. Larsen blieb in Berlin, wo er später er mit seiner Frau Wanda die Treumann Larsen Film GmbH gründete und erst 1945 nach Kriegsende nach Dänemark zurückkehrte.

War Larsen-Holmes bereits ein Star, zumindest in Mittel- und Nordeuropa, begann zur gleichen Zeit ein Aufstieg, der noch viel weiter hinaufführen sollte. 1910 erschien mit AFGRUNDEN (DER ABGRUND) unter Regie von Urban Gad der Film, mit dem Asta Nielsen zum weltweit bekannten und überaus beliebten Star wurde. Und dies, obwohl sie sich mit dem Film eigentlich nur für die Theaterbühne empfehlen wollte. Der Wechsel des Leitmediums wurde damit allmählich augenfällig. Ob Weltstar, Ikone oder Celebrity – diese neuen Rollen verdankten sich dem *mobilen* Medium Film, denn Theaterschauspielerinnen konnten zwar Gastspiele absolvieren, aber zeitgleich in verschiedenen Städten und Ländern auftreten, das konnten sie nicht. Der Film jedoch multipliziert Popularität, die aus messbarer Beachtung entsteht (und dies geschieht dadurch, dass Ticketverkäufe und Verleihkopien registriert werden), wenn zeitgleich in vielen Großstädten dieselben Filme gezeigt werden. Die zeitgleiche Aufführung befördert zudem das Gespräch über Filme in Zeitungen und Zeitschriften, auch über Landesgrenzen hinaus (wie sich wiederum gut an der Berichterstattung über Asta Nielsen und andere Stars erkennen lässt). Je mehr Zuschauende es gibt, desto mehr Diskurs findet statt. Entscheidend dafür war auch, dass ab 1913, vom New Yorker Vorbild ausgehend, Großkinos entstanden, die Theatern und Palästen (»Filmpalast«) nachempfunden waren. Kommerzialisierung und künstlerischer Anspruch gingen in dieser Phase noch Hand und Hand. Denn um den Film zu einem seriösen Medium und einer akzeptierten Kunstform zu machen und das Publikum dauerhaft für das immer noch neue Medium begeistern zu können, bedurfte es besonders in kulturkonservativen Kreisen zunächst großer Überzeugungsarbeit. In Frankreich wirkte die Bewegung *Film d'Art* (dt. ›Kunstfilm‹) darauf hin, den Film durch gesuchte Anklänge an das Theater und die Literatur aufzuwerten und ästhetisch wie inhaltlich anspruchsvoller zu gestalten. Die im Wortsinn *theatralischen* Gesten und Mimiken des Stummfilms haben darin ihren Ursprung. Aber auch viele Filmstoffe werden direkt aus Theaterstücken und Romanen übernommen; wie immer wieder zu sehen sein wird, ist der dänische Film für lange Zeit nicht ohne Literaturverfilmungen denkbar, denn Gegenwartsliteratur und literarische Tradition stellten einen schier unerschöpflichen Fundus an Geschichten und Figuren bereit, während es an genuinen Filmstoffen noch großen Mangel gab (auch in anderen Sprachen und Ländern wurde eifrig adaptiert). Die breite Masse des Publikums sprachen diese gesucht hochkulturellen Anschlüsse allerdings weniger an, sie bevorzugte lebensnahe Sujets und spektakuläre Darstellungen, unabhängig von deren Herkunft und Güte. Ein Spagat, den insbesondere das (erst später so genannte) Genre-Kino erfolgreich vollziehen konnte – ob romantische Liebesgeschichten, Kriege und Konflikte, bizarre Wesen in fantastischen Welten oder unerklärliche und unheimliche Geschehnisse, dies alles ließ sich in Romcoms, Science Fiction, Horror und Thriller (oft) auf Grundlage literarischer Vorlagen effektvoll inszenieren.

Wie bereits erwähnt, hing der Welterfolg nicht zuletzt des dänischen Kinos vor allem mit dem Namen Asta Nielsen zusammen. Nielsen (1881–1972), die bereits früh Schauspielunterricht durch Peter Jerndorff erhalten hatte, war ab 1902 am Theater in Kopenhagen engagiert, wo sie Urban Gad (1879–1947) kennenlernte, der als Bühnenbildner und Berater auch in einigen Nebenrollen spielte. Als die Rollenangebote ausblieben, machte sich Gad an ein Drehbuch, das er Nielsen nach wenigen Wochen vorlegte, in dem sie sich und ihre Fähigkeiten wiedererkannte und einwilligte. So entstand der Vorsatz, AFGRUNDEN zu drehen. In nur acht Tagen, ohne großes Budget und Technik wurde mit vielen Neulingen ein Film erarbeitet, der nach seiner Premiere im Kopenhagener Kosmorama am 12. September 1910 nicht nur zum großen Erfolg wurde, sondern dem Film insgesamt zahlreiche neue Impulse gab. Gedreht wurde in der Straßenbahn, im Biergarten und im Kaffeehaus, im Park und im Zirkus, im steten Wechsel mit den Innenraum(studio)aufnahmen. Der Film beginnt mit einigen Ferienszenen der Klavierlehrerin Magda (Nielsen) und ihres Verlobten Knud (Robert Dinesen), die zufällig in die Nähe des Cirkus Fortuna (der Name der wechselhaften und launischen Fortuna ist Programm) kommen, dessen Artist Rudolf Magda zu verführen und von Knud zu trennen versucht. Es kommt zu Eifersuchtsszenen, handgreiflichen Auseinandersetzungen und vielem Hin und Her,

Magda geht mit Rudolf nach Kopenhagen und wird selbst Teil der Zirkustruppe. Sie tritt mit Variéte-Nummern auf, der Höhepunkt ihr Darbietung – und der des Films – ist der sogenannte »Apachentanz«, bei dem sie Rudolf mit einem Lasso einfängt, fesselt und eng umtanzt. Dass eine Szene wie diese als allzu aufreizend und skandalös empfunden werden könnte, antizipiert der Film bereits: Ein Kapitel heißt »Skandalen« (der Skandal), der auf der Erzählebene allerdings darin besteht, dass das Paar seinen Streit auf der Bühne austrägt. Das Finale des Abgrunds ist eine Auseinandersetzung von Rudolf und Magda, bei der diese den gewalttätigen Mann mit einem Küchenmesser ersticht. Das Image der männermordenden Femme fatale, das zum Topos des Stummfilmzeitalters werden sollte, wurde damit initiiert. Für den internationalen Vertrieb wurde der Film um einige der zu ›erotischen‹ Szenen geschnitten (und oft genug vollkommen sinnentstellt); in Schweden, aber vor allem den USA, sei dies notwendig gewesen um, wie es hieß, die Arbeiterklasse nicht in Unruhe zu versetzen – was man diesem Tanz also durchaus zugetraut haben muss! AFGRUNDEN wurde trotz allem zum großen Erfolg, und zu einem der »Wendepunkte« der Geschichte des Films, wie Asta Nielsen rückblickend bemerkte. Auch für ihre Karriere war AFGRUNDEN der Wendepunkt; Gad und sie bekamen ein Angebot der Bioscop aus Berlin, das den vorläufigen Abschied vom Theater bedeutete (Nielsen sollte später auf die Bühne zurückkehren, nach dem Ende ihrer Filmkarriere sogar ausschließlich weiter Theater spielen). Die beiden gingen 1911 nach Deutschland, wo sie mit dem Produzenten Paul Davidson und seiner Projektions-AG »Union« (PAGU, später in der Ufa aufgegangen) bis 1916 gemeinsam über dreißig Filme machten. Davidson hatte in dieser Zeit ein gutes Händchen, er gründete zahlreiche Kinos in vielen Ländern Europas (die er 1915 an die Nordisk Film verkaufte) und beförderte die Karrieren von Ernst Lubitsch, Emil Jannings und Pola Negri. Gad und Nielsen profitierten von der Vertrags- und Vertriebsstruktur dieser Jahre, denn die Filme wurden in Serie gedreht und verkauft, weshalb in kurzer Zeit vergleichsweise viele Filme produziert werden konnten – und mussten. Es handelte sich dabei stets um längere

Filme zwischen 30 und 60 Minuten Spielzeit, die je nach Abspielgeschwindigkeit variieren konnte (gedreht wurde meist mit 16 oder 18 Bildern pro Sekunde, erst mit dem Tonfilm gab es zuverlässige Spielzeiten bei einer Geschwindigkeit von 24 Bildern pro Sekunde). Diese ›Asta Nielsen Serie‹ etablierte eine Marke, und das, obwohl Nielsens Rollen keineswegs einheitlich waren. Doch es gab wiederkehrende Themen und Motive, die Ansätze »populärer Serialität«[3] erkennen lassen, die Wiederholung und Variation behutsam moderiert. Wiederkehrende Sujets waren der Zirkus und das Variéte, Figuren aus Künstlermilieus sowie Beziehungsprobleme und Eifersuchtsdramen, die die meist unkonventionellen von Nielsen verkörperten Frauenfiguren erlebten. In ENGELEIN (1914) spielte sie (obwohl zu diesem Zeitpunkt bereits 32 Jahre alt) eine Siebzehnjährige, die sich wiederum als Zwölfjährige ausgeben muss, um ein Erbe antreten zu können. Die Alterslose mit Puppe im Arm gehört genauso zu ihrem enormen Bildrepertoire wie die zahlreichen Rollen, in denen sie mit kurzen schwarzen Haaren oder in Hose und Anzug zu sehen war. In Filmen wie dem verschollenen JUGEND UND TOLLHEIT (1912) oder DAS LIEBES ABC (1916, R: Magnus Stifter) verkörperte Nielsen die zu dieser Zeit vielfach beschworene »Neue Frau«, die selbstständig agierte, eigene Pläne verfolgte und nicht länger primär von Männern bestimmt wurde. Dieser Aspekt wurde vor allem auch durch ihre enorme Wandlungsfähigkeit verstärkt. Asta Nielsen konnte alles sein. In DAS ESKIMO-BABY (1918) unter Regie von Heinz Schall spielte sie eine Inuitfrau (wobei der Film Ausdruck von kolonialrassistischen Fantasien ist, die kulturelle Andersartigkeit als Rückständigkeit entwerfen), in DIE BÖRSENKÖNIGIN (1918, R: Edmund Edel) eine Bergwerksbesitzerin, und damit eine männliche Funktionsrolle, die über das Cross-Dressing hinausgeht. Dies ist auch in HAMLET der Fall, in dem die (uneindeutige) Geschlechtsidentität zu einem zentralen Thema wird. Nielsen übernahm die Hauptrolle für

3 Frank Kelleter, »Populäre Serialität. Eine Einführung«, in: ders. (Hg.): *Populäre Serialität. Narration – Evolution – Distinktion. Zum seriellen Erzählen seit dem 19. Jahrhundert.* Bielefeld: transcript, S. 11-48.

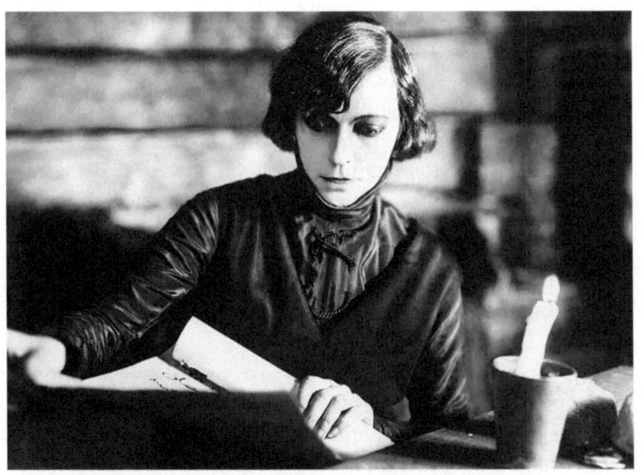

Asta Nielsen als Hamlet

diese Literaturverfilmung (Hamlet mit einer Frau zu besetzen, ist keine ganz neue Idee gewesen, bereits Sarah Bernhardt hatte in ihrer ersten Filmrolle im Jahr 1900 die Rolle des Dänenprinzen bzw. -prinzessin eingenommen). Sie wurde der erste Film ihrer eigenen Produktionsfirma Art Film. Aus Unzufriedenheit mit den ihr vorgelegten Rollen- und Drehbuchangeboten hatte sie die Firma gegründet, die schon im Namen den künstlerischen Anspruch anzeigt. Nielsen betonte auch in Interviews, dass die Ausbreitung des »Technischen« dem »Künstlerischen« des Films das Wasser abgrabe, was sie besonders schmerzlich in der Strindberg-Verfilmung RAUSCH (1919) unter Regie von Ernst Lubitsch erfahren hatte. Statt ihr künstlerisches Vermögen voll ausstellen zu können, fiel Nielsens Weinen, auf das sie besonders stolz war, zu einem Großteil der Schere zum Opfer, was sie als Tendenz zur gedrängten Handlung auffasste, die keinen Raum mehr für lange Einstellungen und individuelle Ausdrucksfertigkeiten lasse. Dadurch würde zunehmend verhindert, dass innere Zustände und äußere Darstellung glaubhaft zur Deckung kommen. Dies sollte in HAMLET der Fall sein. Für die Regie verpflichtete sie Svend Gade und Heinz Schall, das Drehbuch verfasst Erwin Gepard (d. i. Franz Richard Behrens), der neben Shakespeares Dramenvorlage die Deutungen Edward P. Vinings mit einbezog. Dieser hatte in *The Mystery of Hamlet* (1881) die These aufgestellt, Hamlet sei eigentlich eine Frau, was der gesamten Geschichte (es geht um die Vorherrschaft Dänemarks über Norwegen), besonders aber den Beziehungen Hamlets zu Ophelia und Horatio eine veränderte Bedeutung gibt. Nielsen brillierte in der Rolle der Titelheldin, und auch wenn der Film nicht die angemessene Würdigung erfahren hat, stellt er doch ein Highlight des expressionistischen Films dar, der mit zahlreichen beeindruckenden Szenen aufwartet.

Auf HAMLET folgte die August-Strindberg-Verfilmung FRÄULEIN JULIE (1921, R: Felix Basch), wiederum mit Nielsen in der Hauptrolle (als Tochter, die sich am Ende umbringt). Vielfältig waren die Rollen, in denen Nielsen zunehmend scheiternde oder bereits gescheiterte Frauen verkörperte, als Sexarbeiterin und Mörderin Mizzi neben Greta Garbo in Georg Wilhelm Pabsts DIE FREUDLOSE GASSE (1925), ebenso als Anstifterin zum Mord in Bruno Rahns DIRNENTRAGÖDIE (1927) oder als kokainabhängige Opernsängerin in LASTER DER MENSCHHEIT (1927, R: Leo Birinski). In Erich Waschnecks UNMÖGLICHE LIEBE spielte sie 1932 in ihrem ersten und einzigen Tonfilm mit, der zugleich ihr allerletzter Spielfilm sein sollte. An der Stimme lag es kaum; der Soziologie und Filmtheoretiker Siegfried Kracauer attestierte Nielsen: »Noch kaum je ist die Sprache so filmgerecht eingesetzt worden.«[4] Auch Walter Benjamin hat sich mit Nielsens Schauspielkunst auseinandergesetzt, die von Publikum und Kritik gleichermaßen gelobt und bewundert wurde.

Der Vorbildcharakter von AFGRUNDEN (und Nielsen) zeigte sich rasch. Schon August Bloms für die Nordisk Film produzierten Filme BALLETDANSERINDEN (DIE BALLETTÄNZERIN, 1911), der Nielsen und Valdemar Psilander in einen Mord im Tanzmilieu verstrickt, vor allem aber VAMPYRDANSERINDEN (DIE VAMPIRTÄNZERIN, 1912) sind deutlich von Nielsens Rolle

4 Siegfried Kracauer, *Kleine Schriften zum Film 1921–1927*, hg. v. Inka Mülder-Bach. Frankfurt am Main 2004, S. 123.

und ihrer Performance in AFGRUNDEN beeinflusst, die Blom in seinen Produktionen zu reproduzieren versucht. Im Mittelpunkt der Handlung, die sich zumeist zwischen Caféhaus und Theater abspielt, steht die berühmte Tänzerin Silvia (Clara Wieth), die nach dem Ausfall ihres angestammten Tanzpartners kurzfristig einen Ersatz benötigt, den sie in Oscar (Robert Dinesen) findet. Dass erneut Dinesen den männlichen Counterpart zur Femme fatale in der Hauptrolle übernimmt, ist ein weiteres Moment, das DIE VAMPIRTÄNZERIN und AFGRUNDEN deutlich verbindet. Der Höhepunkt von Silvias Performance ist ihr sogenannter Vampirtanz, eine klare Steigerung der Intimität im Vergleich zum »Apachentanz«, bei dem sie ihren Partner umschlingt und vampirisch auszusaugen scheint – aber eben nur scheint, denn eine richtige Vampirin ist sie nicht. Wie in AFGRUNDEN kommt es zu amourösen Komplikationen, denn Oscars Liebe zu Silvia bleibt unerfüllt. In seiner Verzweiflung trinkt er den Inhalt eines Fläschchens mit für das Publikum zunächst unbekanntem Inhalt. Dass es sich um ein Gift handelt, wird erst nach dem großen Finale des Vampirtanzes klar: Oscar sinkt zu Boden und bleibt von Blumen umkränzt liegen, ehe Silvia bemerkt, dass sich ihr Partner selbst getötet hat, hat er Rolle und Position der Leiche längst eingenommen. Der symbolische Vampirismus (der auch die Schuld der Frau zuweist), so lässt sich folgern, hat die gleiche Konsequenz für das männliche ›Opfer‹, auch wenn nicht wirklich zugebissen wird. Mit seinem Titel und der Schein-Vampirin antizipiert der Film den Vampir-Hype, der einige Jahre später einsetzen sollte (noch dominiert zu diesem Zeitpunkt die Figur des »Vamps«, wie er unter anderem durch Rudyard Kiplings Gedicht *The Vampire* von 1897 entwickelt wurde). Bloms Vorhaben ging auf, VAMPYRDANSERINDEN wurde ein großer Export-Erfolg.

Überhaupt hatte Blom ein gutes Gespür für die richtigen Stoffe und die bestmögliche Umsetzung zur rechten Zeit. Im Jahr 1913 erscheint Bloms ATLANTIS, der auf Gerhard Hauptmanns gleichnamigem Roman aufbaut. Es war einer der ersten Langfilme, der mit rund 113 Minuten Laufzeit in völlig neue Dimensionen vorstieß, zumal er dabei seine Handlung in ungeahnter Weise dramatisch zuspitzt. Im Zentrum von

ATLANTIS steht nicht das untergegangene sagenhafte Inselreich (dies taucht allerdings als Gegenstand eines prophetischen Traums auf), sondern eine Atlantiküberquerung, die in einer Katastrophe endet. Der Bakteriologie Friedrich von Kammacher (Olaf Fønss) versucht, sein Leben wieder in den Griff zu bekommen, nachdem er seine geisteskranke Ehefrau hat einweisen lassen. In Berlin lernt er die Tänzerin Ingigerd Hahlström (Ida Orloff, für die besonders Hauptmann schwärmte) kennen, die er umwirbt und ihr, trotz anderer männlicher Reisebegleitung, nach New York folgt. Das Schiff jedoch sinkt nach der Kollision mit einem Wrack. Das Hauptfiguren-Paar kann gerettet werden und wird nach New York gebracht, vielen Passagieren aber gelingt dies nicht, wie der Film in bedrückenden Bildern von Versinkenden und Ertrinkenden zeigt, die vergeblich um ihr Leben kämpfen. Mit Produktionskosten von einer halben Million Kronen war ATLANTIS der teuerste dänische Film seiner Zeit; allein die spektakuläre Versenkung des Schiffes verschlang einen großen Teil des Budgets. Der durchaus monumentale Film übertraf den in Deutschland unter Regie von Mime Misu 1912 produzierten IN NACHT UND EIS, den ersten Film, der einen Schiffsuntergang (wenn auch vergleichsweise dilettantisch) inszenierte, in allen Belangen. Blom verpflichtete zwei Assistenten, um die äußerst aufwändigen Dreharbeiten mit gigantischen Kulissen und zeitweilig über 500 Statisten in den Havarie-Szenen bestmöglich koordinieren zu können. Einer von ihnen war Mihály Kertész (geführt als Michael Curtiz und auch in einer Nebenrolle zu sehen), der 1942 als Regisseur CASABLANCA drehte und mit Humphrey Bogart und Ingrid Bergman einen der Filmklassiker schlechthin schaffen sollte. Obwohl ATLANTIS auf Hauptmanns Roman basierte (der bereits kurz vor der Katastrophe erschien), wurde der Film mit der im April 1912 gesunkenen Titanic assoziiert, was zu einem Aufführungsverbot in Norwegen führte, da man dort der Auffassung war, eine Tragödie in Unterhaltung zu verwandeln, sei geschmacklos und durch nichts zu rechtfertigen. Den Erfolg des Films störte dies kaum. Blom wollte und sollte weitermachen, die Nordisk Film wünschte sich eine weitere Literaturverfilmung, die nicht so kostenaufwändig, aber kaum weniger prestigeträchtig sein sollte. Es handelte sich um die Adaption von Arthur Schnitzlers (1862–1931) Schauspiel *Liebelei*, der ersten Verfilmung eines seiner Werke überhaupt, zu der Schnitzler, einer der bedeutendsten Dramatiker der Jahrhundertwende, selbst das Drehbuch verfasste. Blom realisierte den Film ELSKOVSLEG noch im Jahr 1913, im Jahr darauf erschien er zuerst in Deutschland. Die Hauptrollen in der Handlung um Liebe, Eifersucht und Tod übernahmen Valdemar Psilander und Christel Holch, in einer eindrucksvollen Nebenrolle tritt Carl Schenstrøm als Gevatter Tod auf, einige Jahre bevor er als Teil von Pat und Patachon (bzw. Fyrtaarnet und Bivognen) zum populären Darsteller wurde. Blom arbeitete bei der *Liebelei*-Verfilmung mit Holger-Madsen (1878–1943; ab 1911 mit Bindestrich geschrieben) zusammen, der zuvor als Schauspieler u.a. in Viggo Larsens SHERLOCK HOLMES als Watson (bei dessen einzigem Auftritt) zu sehen gewesen ist. Holger-Madsen wurde von der Nordisk Film für NED MED VAABENE (DIE WAFFEN NIEDER), einer Verfilmung nach dem pazifistischen Roman (1895) der Friedensnobelpreisträgerin Bertha von Suttner engagiert. Das Drehbuch verfasste der zu diesem Zeitpunkt noch vollkommen unbekannte Carl Theodor Dreyer. NED MED VAABENE wurde bis Juli 1914 gedreht und geriet durch die politischen Umstände zur hochaktuellen Mahnung, da die sogenannte Julikrise die Situation in Europa verschärfte (die letztlich einen Monat später zum Beginn des Erstens Weltkriegs führte). Doch fast niemand wollte – oder vielmehr sollte – ermahnt werden, weshalb der Film in vielen Ländern erst mit einigen Jahren Verspätung gezeigt werden konnte. Er lief zwar bereits im August 1914 in den USA, in Dänemark jedoch erst ab dem 18. September 1915, in Deutschland (vermutlich) sogar erst 1917.

Während des Krieges drehte Holger-Madsen MOD LYSET, (DER FACKELTRÄGER, eigentlich dt. »Zum Licht«) mit Asta Nielsen und Augusta Blad in den Hauptrollen. August Blom verfilmte einen weiteren (zumindest in Dänemark kanonischen) Klassiker, PRÆSTEN I VEJLBYE (dt. »Der Pfarrer von Vejlby«), eine Kriminalnovelle des dänischen Autors Steen Steensen Blicher von 1829, in der es um einen historischen

Mordfall aus dem 17. Jahrhundert geht. Der Stoff faszinierte immer wieder; Blichers Novelle wurde neun Jahre später von George Schnéevoigt erneut adaptiert (einer der frühesten Tonfilme in Dänemark), 1972 entstand durch Claus Ørsted eine dritte Version.

Besondere Beachtung verdient noch ein anderer Film, der in den Jahren des Ersten Weltkriegs entstanden ist: HIMMELSKIBET (dt. DAS HIMMELSSCHIFF, engl. A TRIP TO MARS, 1918), ein früher Science-Fiction-Film, der seine Jules-Verne-artigen Figuren (die ähnlich unbedarft zu Werke gehen) mit einigen internationalen Stars besetzen konnte. Science Fiction ist ein integraler Teil der Filmgeschichte, nicht erst mit STAR WARS oder INDEPENDENCE DAY, sondern von Beginn an. Denn besonders in diesem Genre konnten mit den neuen Möglichkeiten des Films, die noch eine Generation zuvor selbst Science Fiction gewesen sind, ungesehene Dinge plastisch gestaltet und in Bewegung gezeigt werden. Die Affinität des Films zur SciFi zeigte sich daher nicht von Ungefähr in den ersten Experimenten des französischen Filmpioniers Georges Méliès (1861–1938), der bereits um die Jahrhundertwende Flüge zum Mond und Himmelsbewegungen (LE VOYAGE DANS LA LUNE, 1902; L'ÉCLIPSE DU SOLEIL EN PLEINE LUNE, 1907) ins Bild setzte. Auch VERDENS UNDERGANG (DAS JÜNGSTE GERICHT, eigentlich dt. »Weltuntergang«), eine dänische Produktion aus dem Jahr 1916 von August Blom, der wieder mit Olaf Fønss und Ebba Thomsen arbeitete, die bereits in ATLANTIS zusammengespielt hatten, gehört in diese Traditionslinie, geht aber deutlich weiter als Méliès' Kurzfilme. VERDENS UNDERGANG gilt auch als einer der frühesten Katastrophenfilme der Kinogeschichte, da er in eindrucksvollen Bildern einen Kometeneinschlag und die dadurch verursachten Panikzustände und Zerstörungen inszeniert. Die Plakate bewarben den Film als »Skuespil i 5 Akter af Otto Rune«, als »Schauspiel in fünf Akten«, und suchten trotz aller überirdischen Perspektivierung noch den Anklang ans Theater. Zeitgenössisch orientierte der Film sich aber an der Verunsicherung und der Angst vor einem Zusammenstoß, die das Erscheinen des Halley'schen Kometen sechs Jahre zuvor ausgelöst hatte. Faszination und Schrecken beschreiben (nicht nur) den früheren Science-Fiction-Film, der von den Wundern der Technik begeistert ist und ihre Gefahren wie auch die Abgründe in Tiefsee und Weltraum, in die sie vorstößt, mit – Kino sei Dank: lustvollem – Schrecken goutiert. HIMMELSKIBET ist ihm verwandt, obgleich der erwartete Schrecken ausbleibt, und er mit der Schwedin Lilly Jacobsson und dem Norweger Gunnar Tolnæs in den Hauptrollen ungleich prominenter besetzt wurde. HIMMELSKIBET kann für sich reklamieren, als einer der ersten Langfilme die Raumfahrt zum Thema zu machen. Motiviert wird diese Raumfahrt durch das private Projekt des Professors Planetaros (Nicolai Neiiendam), der mit seinem Sohn Avanti (Gunnar Tolnæs) – der den Drang nach »vorwärts« im Namen trägt – ein Raumschiff konstruiert und zum Mars reisen lässt. Nach einer ermüdenden Reise, auf der viele menschliche Schwächen und Probleme geballt zu Tage zu treten (Alkoholismus, Geltungssucht und Misstrauen, die zu einer Meuterei führen), trifft die schwerbewaffnete Erdendelegation auf überraschend freundlich gesonnene Marsianer. Diese in wallende Gewänder und sonnenschirmartige Hauben gekleidete humanoide Spezies bildet eine perfekte, schon in zahlreichen Utopien entworfene Gesellschaft, die den Krieg überwunden hat, sich insgesamt einer vernünftigen Planung unterwirft und jedes unnötige Leid zu vermeiden sucht (weshalb sie den Vegetarismus zu einem ihrer Grundsätze erkoren hat). Die Annäherung gelingt und die Erdlinge sehen ein, dass sie zwar nicht auf eine technisch, aber doch sozial überlegene Kultur getroffen sind. Filmdramaturgische Folge davon ist die Heirat Avantis mit der Tochter des marsianischen Anführers, des Weisheitsfürsten, und ihre gemeinsame Rückkehr zur Erde, um die zivilisiertere Lebensphilosophie des Mars auch auf der Erde zu propagieren. Über den Entwurf einer stellaren Alternativwelt hat der Film nicht nur im zeitgenössischen Kontext des Ersten Weltkriegs eine pazifistische Botschaft, er macht sich auch darüber hinaus für alternative Semantiken von Fortschritt und Hochkultur stark, die den Menschen in der Moderne unausdenkbar fern zu liegen schienen. Der Film setzt sie, zumal für seine Zeit, effektvoll ins Bild. Seine Wirksamkeit zeigt sich nicht zuletzt an Fritz Lang FRAU IM MOND, der zehn Jahre später (nach einer Vorlage von Thea von Harbou) entstand und sichtlich von HIMMELSKIBET beeinflusst ist.

Seine größten wirtschaftlichen Erfolge verdankte der dänische Film dieser Zeit auch turbulenten Salonstücken, die in möglichst exotischen Milieus angesiedelt wurden, und in denen die Erotik eine für damalige Verhältnisse erstaunliche Rolle spielte. Die Auslotung dessen, was an aufreizenden Szenen und Anblicken möglich ist, was Entrüstung provoziert, ohne dass die Zensur hart einschreitet und die Verbreitung untersagt, war ein stetes Spiel mit Erwartungen und Reaktionen von Publikum und Kritik. Ein Mittel, der Zensur ein Stück weit zu entgehen (das für anstoßerregende Schriften bereits seit Jahrhunderten praktiziert wurde), war die Betonung großer Distanz, geographisch wie kulturell. Der Exotismus und Orientalismus, der sich in Filmen wie Robert Dinesens (1874–1942) MAHARAJAENS YNDLINGSHUSTRU (DIE LIEBLINGSFRAU DES MAHARADSCHA, 1916) oder Holger-Madsens TEMPELDANSERINDENS ELSKOV (DIE LIEBE DER TEMPELTÄNZERIN, 1915) artikuliert, bedient also nicht nur die Schaulust des Publikums, sondern stellt Distanz zum Geschehen her und macht es zum »Anderen«, zum Ausdruck einer Kultur, die der »eigenen« in mancher Hinsicht diametral entgegensteht. Mit Lilly Jacobsson und Gunnar Tolnæs in den Hauptrollen, die hier bereits vor ihrer interplanetarischen Heirat in HIMMELSKIBET zusammengespielt hatten, wird die Geschichte einer gefährlichen Verführung erzählt. Die junge Europäerin Elly (Jacobsson) gerät in den Palast des Maharadscha von Bhagalpur (Tolnæs) und wird dort gefangengesetzt. Als eine unter vielen Frauen unterliegt sie vollkommen dem Willen des Herrschers, obgleich sie als »Lieblingsfrau« hervorgehoben wird. Allein ein Zufall scheint sie zu erretten, als ihr Cousin (und Verehrer) Kuno mit einer europäischen Delegation im Palast des Maharadschas empfangen wird. Auf Kunos Drängen soll Elly in die Freiheit entlassen werden, was der Maharadscha bewilligt; diese Geste wiederum fasst Elly als den größtmöglichen Liebesbeweis auf und beschließt darob, bei ihrem indischen Gebieter zu bleiben. Mit Haremsszenen, opulenten Kostümen und Staffagen scheint MAHARA-

JAENS YNDLINGSHUSTRU die Fantasien des Publikums weit weg zu führen (eine ähnliche Verschränkung von gut etablierten Sujets nahm auch TEMPELDANSERINDENS ELSKOV vor, der ebenfalls zum Welterfolg wurde), schließt dabei aber an eine Thematik an, die bereits mehrfach filmisch behandelt worden war: die der gefährdeten, verführten und letztlich gefangenen Frau, die in die Fänge unberechenbarer Männer(gruppen) gerät. Pädagogisch motivierte, aufklärende Filme waren keine Seltenheit in den ersten zwei Jahrzehnten des 20. Jahrhunderts, zeitgleich wurde in Schweden eine ähnlich volkserzieherisch motivierte Kampagne gegen den Alkoholismus verfolgt, an der u.a. die Literaturnobelpreisträgerin Selma Lagerlöf mitwirkte. In Dänemark war es die mitunter so genannte »Mädchenhandel«-Reihe, deren Filme von verschiedenen Firmen und Regisseuren produziert wurden, thematisch (wie auch in der Titelgebung) aber alle das gleiche Spektrum behandelten. Zwischen 1906 und 1912 erschienenen sechs dänische Filme (von denen Viggo Larsen einen in Deutschland drehte; zwischen 1921 und 1927 entstanden noch drei weitere deutsche Filme). Den Auftakt bildete Larsens DEN HVIDE SLAVINDE (DIE WEISSE SKLAVIN, 1907). Er lässt eine junge Frau (Gerda Jensen) als Hausmädchen in weißem Kleid in die Fänge eines Mädchenhändlerrings geraten, dessen Angehörige stets in Schwarz gekleidet sind und ihre Opfer in die Prostitution zwingen wollen. Der nur rund acht Minuten lange Streifen schöpfte die Möglichkeiten seines Themas und seiner sozialen Hintergründe noch kaum aus, weshalb derselbe Stoff 1910 für gleich zwei Remakes unter identischem Titel – DEN HVIDE SLAVEHANDEL (DER WEISSE SKLAVENHANDEL) – herangezogen wurde: von Alfred Cohn (mit Christel Holch als Mädchen Anna) für eine kleine, unabhängige Firma, mit Ellen Diedrich und Clara Wieth unter Regie von August Blom entstanden DEN HVIDE SLAVEHANDEL I (DIE WEISSE SKLAVIN I, 1910) und DEN HVIDE SLAVEHANDEL II (DIE WEISSE SKLAVIN II, 1911) für die Nordisk Film.

Mit weißen Sklavinnen, Maharadschas, Weltuntergangsvisionen, Schiffskatastrophen und verführerischen Tänzen erfuhr der dänische Film große internationale Reputation und erlebt seine Blütezeit. Die Rede von der Blütezeit aber zeigt, wenn man diese Metapher ernst nimmt, bereits an, dass es nach der Blüte wieder bergab geht, dass der Fluss der vitalen Kräfte langsam, aber sicher nachlässt. So erging es auch der dänischen Filmproduktion. Abwanderungen waren ein Hauptgrund für den quantitativen, vor allem aber qualitativen Schwund der vormaligen Produktion und ihrer Bedeutung, aber auch der Mangel an geeigneten guten Drehbüchern sowie die ökonomische Lage, die nicht zuletzt durch die Weltwirtschaftskrise zum Ende der 1920er Jahre immer offensichtlichere Folgen zu Tage treten ließ, trugen zum Rückgang bei. Primär aber waren es die Schauspieler und Schauspielerinnen, die sich nicht adäquat ersetzen ließen. Denn zu den frühen Erfolgen des dänischen Films trugen seine Stars mehr bei als die Regisseure (das wird zum Ende des 20. Jahrhunderts andersherum sein). Neben (und nach) Asta Nielsen waren es auch Darsteller wie Valdemar Psilander (1884–1917), der als Dorian Gray in einer Oscar-Wilde-Verfilmung[5] bekannt wurde und mit Nielsen in BALLETDANSERINDEN sowie DEN SORTE DRØM (1911) zu sehen war, Psilander aber beging auf dem Höhepunkt seiner Karriere Suizid. Auch Lilly Jacobsson (die nur wenige Jahre nach ihren Erfolgen in HIMMELSKIBET und zwei Teile von MAHARADJAHENS YNDLINGSHUSTRU mit einer Nebenrolle in Nielsens HAMLET ihre Schauspielkarriere beenden sollte) und Olaf Fønss, der seine Laufbahn später in Deutschland fortsetzte, waren weit über Dänemark hinaus bekannt und beliebt.

Dennoch wurden natürlich weiterhin Filme in Dänemark produziert. Als einheimischer Erfolg und Exportschlager zugleich erwies sich die unterhaltsame Reihe um FYRTÅRNET OG BIVOGNEN (wörtlich: »Leuchtturm und Beiwagen«): Zwei Landstreicher, der lange, dünne Fy und der kurzbeinige, dickliche Bi, schlagen sich durch zahlreiche Abenteuer,

5 Neben deutschen Vorlagen wurden auch zahlreiche englische Dramen, Erzählungen und Romane adaptiert, besondere Aufmerksamkeit erfuhr Anders Wilhelm Sandberg (1878–1938), der eine Reihe von Charles-Dickens-Verfilmungen dirigierte: OUR MUTUAL FRIEND (1921), DAVID COPPERFIELD (1922), GREAT EXPECTATIONS (1922) und LITTLE DORRIT (1924). Auch für ein Remake von MAHARADJAHENS YNDLINGSHUSTRU (als Teil III veröffentlicht), in dem Gunnar Tolnæs noch einmal als Maharadscha agierte, war Sandberg als Regisseur verantwortlich.

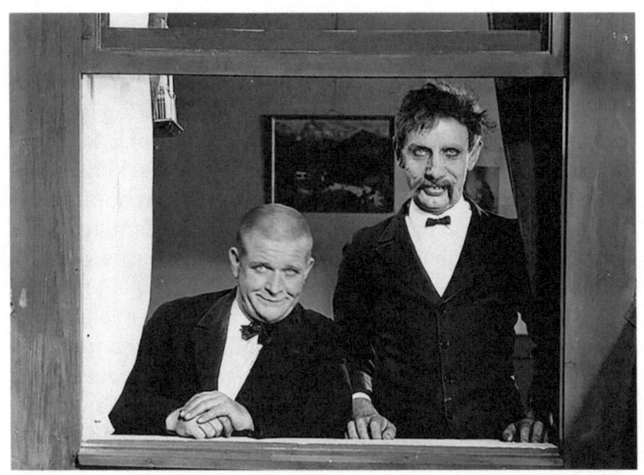

Fy og Bi alias Pat und Patachon

absurde Verwechslungen und immer neue Eseleien, die das Publikum über Jahrzehnte nicht ermüdeten. Das von Carl Schenstrøm (1881–1942) und Harald Madsen (1890–1949) verkörperte Duo debütierte in Væddeløberen (1920, Der Wettläufer) und kehrte bereits 1921 mit dem Film Film, Flirt og Forlovelse (wörtlich: »Film, Flirt und Verlobung«, später unter den Titeln Betrogenes Frauenherz und Oskar der Schürzenjäger in Deutschland ausgestrahlt) auf die Leinwand zurück. Hauptverantwortlich für die Erfolgsserie war Lau Lauritzen senior (1878–1938), der nach einer Offizierslaufbahn ans Theater gewechselt war, selbst spielte und Regie führte, und ab 1910 zunächst für die Nordisk Film, ab 1919 für Palladium Film tätig war, deren künstlerischer Leiter er wurde. Bis zu 40 (Kurz-)Filme realisierte Lauritzen pro Jahr, ab 1921 war er bis 1932 für sämtliche Fy og Bi-Filme verantwortlich und behielt alle Fäden in der Hand. Schenstrøm und Madsen traten bis 1940 in über 50 (meist Stummfilm-)Komödien in Erscheinung. Diese waren häufig Episodenfilme (ein Erzählverfahren, das aus der Literatur von *Till Eulenspiegel* bis zu den Erzählungen um den Lügenbaron *Münchhausen* bekannt ist), die aus dem Vagabundendasein der Hauptfiguren nahezu beliebig viele kurze Geschichten und Szenen entwerfen konnten, ohne dabei auf kausale oder narrative Kohärenz verpflichtet zu sein (auch wenn es wiederkehrende Motive gab, es wurde z.B. auffällig viel geraucht). Dies ist der ursprünglichen Aufführungsform der einzelnen Episoden geschuldet: Sie liefen als kurze Zwischenspiele zur Auflockerung zwischen längeren, oft melodramatischeren Langfilmen, und waren insofern moderne Satyrspiele, wie sie im antiken griechischen Theater zur Aufheiterung zwischen den großen Tragödien aufgeführt wurden. Über ein Dutzend ihrer Filme entstanden außerhalb Dänemarks (in Schweden, Deutschland, Österreich und England), was nicht zuletzt eine Folge ihrer internationalen Beliebtheit war. Dies ist insofern erstaunlich, da die Uneinheitlichkeit der Übersetzung (selbst in den nordischen Ländern hieß das Duo überall unterschiedlich) einen nicht unwesentlichen Nachteil in der Kommunikation über das Paar und seine Filme ausmachte, aber letztlich nur wenig daran änderte, dass sich die Serie in vielen Teilen der Welt große Beliebtheit erfreut. Ob als OLE & AXEL, LONG & SHORT oder, wie in Deutschland, als PAT UND PATACHON, sie wurden zum sprichwörtlichen Paar der offensichtlichen Gegensätze, während der darauf begründete Slapstick und Klamauk filmhistorisch als Vorläufer von Stan Laurel und Oliver Hardy betrachtet wird.

3 Gespenster und früher Horror

Man mag sich fragen, warum gerade Themen und Motive des Horror-Genres den frühen Film derart beschäftigt haben. Denn Vampire, Hexen, Gespenster, Doppelgänger, unheimliche Mörder und Wahnsinnige bevölkern nicht nur den dänischen Film. DER STUDENT VON PRAG (1913, bei dem allerdings mit Stellan Rye ein Däne Regie führte), DAS CABINET DES DR. CALIGARI (1920, R: Robert Wiene) DER MÜDE TOD (1921, R: Fritz Lang), NOSFERATU (1922, R: Friedrich Wilhelm

Murnau), ORLACS HÄNDE (1924, R: Robert Wiene) und viele mehr sind Pioniere und Klassiker des Horrorfilms, manche ebenso der allgemeinen Filmgeschichte. Der ungarische Theoretiker Georg Lukács (1885–1971) hat sich mit diesem Phänomen in seinem Essay *Gedanken zu einer Ästhetik des Kinos* auseinandergesetzt, der 1913 in der *Frankfurter Zeitung* erschienen ist. Lukács' Erklärung liegt darin, dass im Kino – ganz im Gegensatz zur Theaterbühne – »alles« möglich geworden sei. Dementsprechend könnten »Wirklichkeit« und »Möglichkeit« zu einer Einheit gemacht (und zur Deckung gebracht) werden, wovon frühere Generationen nur träumen konnten.[6] Darin liegt bereits eine der möglichen Begründungen, warum sich in den ersten Jahrzehnten der Filmproduktion besonders gerne an der Darstellung fantastischer Vorgänge versucht wurde. Es ging um die Einlösung lange gehegter Träume – von Seiten der Kunstschaffenden wie auch des Publikums –, die zugleich neue Träume zu wecken begannen. »Im Kino«, so Lukács weiter, »kann sich alles realisieren, was die Romantik vom Theater – vergebens – erhoffte«[7]. Nirgends werden die neuen und überzeugenden Möglichkeiten des Films in Sachen Illusionserzeugung so deutlich, wie in der Darstellung von Doppelgängern, von sich geisterhaft auflösenden Personen oder Gegenständen, von Verwandlungen und ähnlichen tricktechnisch beeindruckenden Effekten. Lukács' Analyse impliziert die These, dass der Film mit rund einhundertjähriger Verspätung die Lieblingsmotive und damit auch einige Kernthemen der Romantik zur Darstellung bringt. Was bei E. T. A. Hoffmann, Ludwig Tieck, Mary Shelley oder Edgar Allan Poe noch auf den literarischen Text – und damit die Fantasie der Lesenden – beschränkt bleiben musste, konnte nun ins bewegte Bild gesetzt werden. Angst und Schrecken waren nicht mehr allein individuelle Erfahrungen als Effekte erfolgreicher Lektüren (die auch scheitern konnten, was bedeutete, dass die Bilder und der Schauder ausblieben), sondern konnten zum kollektiven Er-

6 Georg Lukács, »Gedanken zu einer Ästhetik des Kinos«, in: ders.: *Schriften zur Literatursoziologie*. Frankfurt am Main 1985, S. 75–80, hier S. 77.

7 Ebd.

eignis im Kinosaal (gemacht) werden. Dass bereits in den ersten Jahrzehnten manche Romane und Stücke mehrfach auf die Leinwand gebracht wurden, hat einen Grund darin, dass der Film vereindeutigt und auf (s)eine ganz bestimmte Weise sicht- und wahrnehmbar macht, was über die Lektüre erst imaginiert werden muss – da Lektüren aber unterschiedlich ausfallen können, gilt dies auch für Literaturverfilmungen und Theater-Remakes, keine Version gleicht der anderen.

Zu diesem Komplex haben vor allem zwei dänische Regisseure beigetragen, die bis heute zu den bedeutendsten ihrer Zunft gezählt werden: Benjamin Christensen (1879–1959) und Carl Theodor Dreyer (1889–1968). Ein umtriebiger Vertreter dieser Generation war auch Stellan Rye (1880–1914), der vielleicht ebenfalls in ihre Riege hätte aufsteigen können, wäre er nicht bereits 1914 bei Ypern gefallen. Allein in den Jahren 1913 und 1914 dreht Rye 16 (!) Filme, u.a. mit Paul Wegener, Grete Berger und Ernst Lubitsch, darunter einige, die dem Horror und der Fantastik verpflichtet waren (sie entstanden zum Teil in Zusammenarbeit mit Hanns Heinz Ewers, der Rye über das Drehbuch zu DET BLAA BLOD – DAS BLAUE BLUT – entdeckt hatte). Neben dem bereits genannten DER STUDENT VON PRAG ist vor allem EVINRUDE (1914) von Ryes Filmen als gelungen und kunstvoll beurteilt worden.

Benjamin Christensen debütierte nahezu zeitgleich zu Rye mit DET HEMMELIGHEDSFULDE X (DAS GEHEIMNISVOLLE X), ein Spionagethriller und Kriegsdrama, das im selben Jahr (1913) wie DER STUDENT VON PRAG erscheint. Wie auch Rye macht Christensen starken Gebrauch von Chiaroscuro-artigen Licht- und Schattenkontrasten, von Beleuchtungswechseln und Gegenlichtszenen, die häufig mit nur einer einzigen Lichtquelle arrangiert wurden und beeindruckende Effekte kreieren, um die rätselhaften Zeichen und undurchschaubaren Figuren in Szene zu setzen. Im Zentrum des Films steht ein zwielichtiger Graf, der die Frau eines (von Christensen gespielten) Marineleutnants umwirbt und dem es gelingt, den Leutnant unter Hochverratsverdacht zu stellen. Erst in letzter Minute kann dieser aus der Haft und vor der nahen Vollstreckung des Todesurteils gerettet werden. DAS GEHEIMNISVOLLE X, das auf die Flügel einer mysteriösen Mühle (ein fester Topos der folkloristischen Tradition und zahlreicher schauerfantastischer Erzählungen) verweist, in der sich die zentralen Handlungsszenen abspielen, ist eine außergewöhnlich aufwändige Produktion gewesen. Die Arbeiten nahmen über drei Monate in Anspruch, was zu dieser Zeit noch eine seltene, nahezu ungeahnte Investition an Zeit (und Geld) bedeutete. Zunächst konnte der Film nach einigen Schnitten auch in Deutschland gezeigt werden, wo er wie so viele andere dänische Exporte gut aufgenommen, aber mit Kriegsbeginn im August 1914 unter Jugendverbot gesetzt wurde.

In Christensens zweitem Film HÆVNENS NAT (eigentlich »Nacht der Rache«, in Deutschland als RACHE! geführt, als BLIND JUSTICE im englischen Sprachraum) von 1916 steht erneut das Schicksal eines zu Unrecht Verurteilten im Fokus. Der von Christensen verkörperte Henry, der als »starker Mann« im Zirkus beschäftigt war, sitzt wegen eines Mordes im Gefängnis, den er nicht begangen hat. Der Film erzählt von seinen Versuchen, aus der Haft auszubrechen, seinen Sohn aus dem Waisenhaus zu holen und sich im tiefsten Winter gegen eine insgesamt feindliche Welt durchzuschlagen. Er wird gejagt, findet kurzzeitig Unterschlupf, wird aber verraten und schwört Rache (was die Wahl für den deutschen Titel motiviert hat). Auch in HÆVNENS NAT erfolgt die rettende Aufklärung erst kurz vor Schluss, und es kommt, trotz aller Entführungen, Bedrohungen und Schussverletzungen zu einem *happy ending*. In dem düsteren und effektvollen Drama sind neben Christensen (wie schon in seinem Debüt) Karen Sandberg und der junge Otto Reinwald in den Hauptrollen zu sehen. Erneut verbuchte Christensen damit einen großen internationalen Erfolg, auch in den USA, wo er auf Promotion-Tour ging und als Benjamin Christie gefeiert wurde. Die ersten zwei Filme entstanden in Dänemark, auf Dänisch und in fast vollständiger Alleinarbeit von Christensen, der jeweils das Drehbuch verfasste, Regie führte, für die Produktion zuständig war und auch stets die männliche Hauptrolle spielte. In seinen weiteren Filmen trat Christensen zumindest einige dieser Aufgaben ab, zum einen, weil die Produktionen immer aufwändiger wurden, zum anderen, weil er im Ausland drehte. Sein nächster und vermutlich bedeutendster Film – zumindest was die Aufmerksamkeit und vielfältige Nachwirkungen angeht – war HÄXAN von 1922 (DIE HEXE, später u.a. als WITCHCRAFT THROUGH THE AGES vertrieben). Dieses Mammutprojekt entstand über einen Zeitraum von drei Jahren und wurde in Schweden (auf Schwedisch) gedreht. HÄXAN entspricht einer Mischform, die man heute wahrscheinlich als Doku-Drama bezeichnen würde – eine Art Dokumentarfilm mit Spielfilm-Elementen, der die Geschichte der Zauberei und Hexerei (»trolldom og häxeri«) vom Mittelalter bis in die Gegenwart nachvollziehen will.

Mit den vielen schauderhaften Motiven, die zahlreiche finstere Kapitel der Menschheitsgeschichte ausleuchten, und ihren düster-grotesken Darstellungen ist Christensen mit HÄXAN dort angekommen (und die Rezeption des Films bestätigt dies), wohin seine ersten zwei Filme stellenweise gedeutet und dies auch in ihrer Bildsprache antizipiert hatten: beim Horrorfilm. HÄXAN zählt zu den Klassikern des Genres, auch wenn er durch seinen Doppelcharakter als Dokumentar- und Spielfilm eine seltene Ausnahme darstellt (vielleicht ist es nicht ganz zufällig, dass ein späterer Klassiker und Hexenfilm erneut die Grenzen von Dokumentation und Spielfilm verwischt – Daniel Myricks und Eduardo Sánchez' BLAIR WITCH PROJECT aus dem Jahr 1999).

Christensen selbst hat das Projekt als »einen kulturhistorischen Vortrag in lebenden Bildern in 7 Kapiteln« (»et kulturhistoriskt föredrag i levande bilder i 7 avdelningar«) beschrieben, der neben einer etwas kruden Darstellung der Geschichte auch Erklärungen für Hexerei und Hexenverfolgung zu geben versucht. Als Hauptgrund wird die Hysterie genannt, die in den Vorwürfen gegen die der Hexerei bezichtigten Frauen eine Rolle spielt, die mehr aber noch auf die *moral panic* der Dorfgemeinschaften zutrifft, die unabhängige Frauen denunzierten, und die der Hexenjäger, die Folter und Hinrichtungen bisweilen lustvoll durchführten. Christensen schließt mit seinen Erklärungen auch an die zu seiner Zeit relativ populäre Massenpsychologie an, die von Gustave Le Bons *Psychologie der Massen* (1895) bis zu Sigmund Freuds *Massenpsychologie und Ich-Analyse* (1921) Hochkonjunktur besaß,

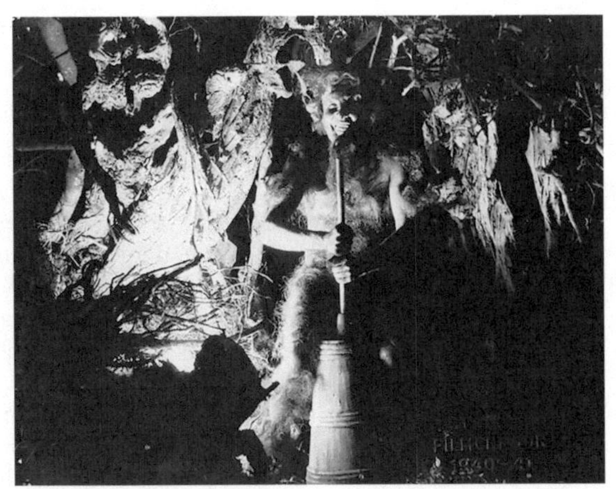

HÄXAN – Benjamin Christensen als Teufel

um aus einer rationalen, psychoanalytisch informierten Perspektive mit HÄXAN eine Art Edutainment zu liefern. Die Geschichte von »Zauberei und Hexerei« wird somit trotz aller vordergründigen Schreckeffekte und gruseligen Szenen als eine Geschichte der Hysterie und der Misogynie erzählt, bei der vor allem die Rollen der Täter und der Opfer konstant geblieben sind. Diese kritische, geradezu aufklärerische Dimension des Films wird aber durch die spektakulären Bilder und Szenen immer wieder unterlaufen, von denen der Film (zumal im zeitgenössischen Kontext) eine Menge zu bieten hatte.

HÄXAN zeigt verführte Mönche und Nonnen, nackte Leiber und grimmige Dämonen, die einer gewissen Komik nicht immer entbehren, drakonische Verhöre mit schaulustigen Vorführungen von Folterinstrumenten und Szenen, in denen diese zum Einsatz kommen. Ein eigenes Kapitel nimmt der sogenannte *Hexenhammer* ein, das Buch *Malleus Maleficarum* (1486) des Dominikaners Heinrich Kramer, ein Dokument des religiösen Fanatismus und historisches Grundbuch der Hexenverfolgung, das Christensen über Jahre intensiv studiert hat. Überhaupt zeigt sich Christen stark von der frühneuzeitlichen Bildtradition beeinflusst, zum Beispiel ist Johannes Praetorius' *Blockes-Berges-Verrichtung* (1668) ein unverkennbares Vorbild vor allem für die Darstellungen des Hexensabbats. Dieses transitorische Ereignis, das Grenzen vor allem überschreitet, um sie zu verwischen (man denke an die Walpurgisnacht-Szenen aus Goethes *Faust I* und *II*), wird als ein ebenso grelles wie finsteres Potpourri in Bilder übersetzt.

Christensen gelingt mit HÄXAN eine erfolgreiche Popularisierung durch Skandalisierung, denn die mitunter obszönen, gewaltförmigen und angsteinflößenden Darstellungen rufen öffentliche Auseinandersetzungen um den vermeintlich blasphemischen, sadistischen und pornographischen Film hervor. Nach der Uraufführung am 18. September 1922 löste der Film in Dänemark (vor allem wegen der in ihm enthaltenen Gewalttätigkeiten) Entrüstung aus; in Frankreich protestierte die Kirche gegen den Film (weil sie ihre Rolle als einseitig und die Darstellungen des satanischen Widersachers als blasphemisch empfand), in Deutschland wurde er nach der dortigen Premiere im Februar 1924 umgehend verboten. Allesamt Anzeichen dafür, dass in diesem Film einiges an spektakulären Darstellungen zu entdecken war, die es so zuvor noch nicht gegeben hatte, wie auch an häretischem Gedankengut, das der weltlichen wie der geistlichen Obrigkeit kein gutes Zeugnis ausstellte.

Wie so viele Zeitgenossen kehrte Christensen Dänemark den Rücken, zunächst ging er nach Deutschland, schließlich in die USA. 1923 spielte Christensen unter Carl Theodor Dreyers Regie in der Herman-Bang-Verfilmung MICHAEL; im selben Jahre drehte er SEINE FRAU, DIE UNBEKANNTE mit Willy Fritsch – beide Filme entstanden in Deutschland. Ab 1926 drehte Christensen in den USA, die englischsprachigen Titel deuten an, dass er seine Arbeit am Mysteriösen und Schauerhaften fortsetzte, dabei allerdings mit einigen hochkarätigen Schauspielerinnen zusammenarbeiten konnte. In THE DEVIL'S CIRCUS (ZIRKUSTEUFEL, 1926), der noch einmal den Themenkomplex Eifersucht und Verbrechen im Zirkus bediente, übernahm Norma Shearer die Hauptrolle, in den Jahren 1928 und 1929 entstanden drei Filme mit Thelma Todd (1906–1935), die Christensens Rolle als Horrorpionier festigten: THE HAUNTED HOUSE (DAS GESPENSTERSCHLOSS, 1928), Christensens erster Tonfilm, in dem auch Musik zum Einsatz kam, SEVEN FOOTSTEPS TO SATAN (1929) nach dem gleichnamigen Roman von Abraham Merritt, und schließlich der *part-talkie* (zu Deutsch etwa »Teilsprechfilm«) HOUSE OF HORROR (1929), der als verschollen gilt, dessen Tonbänder sich jedoch erhalten haben. 1928 und 1929 waren die Jahre von Christensens größter Produktivität, auch die Jules-Verne-Verfilmung THE MYSTERIOUS ISLAND entstand in dieser Zeit. Doch die erhofften Erfolge blieben aus, die Filme floppten finanziell und fanden auch in der Kritik keine allzu begeisterte Aufnahme. Auch in der späteren Rezeption ist den US-Produktionen Christensens wenig Sympathie und Aufmerksamkeit entgegengebracht worden; wenngleich die Titel klingen, als gehörten sie zum Kanon des klassischen Horrorfilms, sind sie heute nahezu unbekannt (bzw. in Teilen verschollen). Christensen kehrte in den 1930er Jahren nach Dänemark zurück, aber auch dort gelangen ihm keine Erfolge mehr wie in seinen Anfangstagen. Christensen machte noch einige, wenige Filme, die keine neuen Akzente mehr setzen konnten; der gefragte Regisseur von einst leitete in den letzten Jahren seiner Berufstätigkeit ein Kino in einem Vorort von Kopenhagen, seine letzten anderthalb Lebensjahrzehnte liegen nahezu im Dunkeln. Christensen als vielfältiger Filmschaffender ist erst seit einer Retrospektive im *Museum of Modern Art* 1999 gewürdigt worden, die zu neuer (und in Teilen erstmaliger) Anerkennung geführt hat. Die große Ausnahme war HÄXAN, dessen weitverzweigte Rezeptionsgeschichte bereits in wenigen Beispielen andeuten mag, für wie viele Film-, aber auch andere Kunstschaffende in den Bereichen von Literatur und Musik der Film Vorbild und Inspirationsquelle gewesen ist. Zum Teil ausdrücklich bestätigte Einflüsse und Bezugnahmen finden sich bei Val Lewton (I WALKED WITH A ZOMBIE, 1943 oder THE BODY SNATCHER, 1945), Ingmar Bergman (DET SJUNDE INSEGLET/DAS SIEBENTE SIEGEL, 1957), Lars von Trier (ANTICHRIST, 2009) und Robert Eggers (THE WITCH, 2016). Der US-amerikanische Autor William S. Burroughs (*Naked Lunch*, 1959) sprach für den englischen Filmemacher Antony Balch einige Texte für eine gekürzte Fassung von HÄXAN (1967) ein, die Zitate und produktiven Anverwandlungen, z. B. für Cover-Artworks im extremen Metal-Bereich, sind schwer überschaubar.

Schon mehrfach wurde Carl Theodor Dreyer (1889–1968) erwähnt, der für viele beste und wichtigste aller dänischen Regisseure. Einige von Dreyers Filmen gehören zum globalen Kanon und tauchen immer wieder in Bestenlisten auf. Erstmals in Erscheinung trat er als Drehbuchautor für Holger-Madsens Verfilmung von Bertha von Suttners *Die Waffen nieder* (1916), ein Verfahren, dem er in seinem weiteren Filmschaffen verbunden bleiben sollte, denn Dreyer ist einer der literaturaffinsten aller Regisseure, nicht nur seiner Zeit (oder Dänemarks). Fast alle seiner Filme, die von 1918 bis 1964 entstehen, basieren auf literarischen Vorlagen, auf Dramen, Novellen und Romanen. Prägend erscheint aber auch David Wark Griffiths Filmklassiker INTOLERANCE (1916), aus dem Dreyer u. a. die Episodenstruktur, das Kernthema Diskriminierung sowie einige Handlungselemente für seine Produktionen übernimmt.[8] Bemerkenswert an Dreyers Schaffen ist, dass es gleich mehrere Filme sind, die als herausragend betrachtet werden und in unterschiedliche (Genre-)Richtungen stilbildend gewirkt haben. Auf den ersten Blick erscheint Dreyers Gesamtwerk scheinbar gegensätzlich – religiöse Sujets auf der einen, Grusel und Horror auf der anderen Seite. Dass letztere jedoch weit stärker mit den religiösen Themen und Motiven verbunden sind, zeigt bereits Dreyers erster Film: BLADE AF SATANS BOG (BLÄTTER AUS DEM BUCHE SATANS) entsteht ab 1918, ist bei seiner Erstaufführung 1920 allerdings bereits der dritte – die Produktion hat weit länger gedauert als bei PRÆSIDENTEN (DER PRÄSIDENT) und PRÄSTÄNKAN (DIE PFARRERSWITWE, auch NACH RECHT UND GESETZ). Die BLÄTTER AUS DEM BUCH SATANS zeigen einen historischen Abriss über die teuflischen Versuchungen, mit denen der Widersacher die Menschen auf die Probe stellt. Gezeigt wird eine *Faust*-ähnliche Wette um die Seelen der Menschen, bei der es um das Strafmaß Satans geht, wie lange er in der Ver-

8 Die Wiederentdeckung und Anerkennung von Griffiths revolutionärer Filmkunst wird erst Jahrzehnte später durch Jean-Luc Godard eingeleitet, der sich wiederum auch auf Dreyer beruft. Vgl. Jean-Luc Godard: *Cahiers du cinéma*, No. 138, Dezember 1962.

bannung ausharren muss. Vier historische Episoden (wie in Griffiths INTOLERANCE) führen vom Jerusalem zu Zeiten Christi bis ins 20. Jahrhundert. Der Film beginnt damit, dass der Satan Judas verführt und zum Verrat anstiftet, setzt sich im Sevilla der Frühen Neuzeit fort, wo ein Astrologe und seine Tochter der Inquisition zum Opfer fallen (der Großinquisitor wird vom Satan eingenommen), macht Station im Paris des Jahres 1793, in der Phase der *Grande Terreur* der Französischen Revolution, in welcher der Teufel als Jakobiner auftritt und einen Grafen unter die Guillotine bringt. Die letzte Episode ist schließlich in Finnland 1918 nach der Russischen Revolution verortet, wo der Satan als verstoßener Mönch auftritt, der die »Roten« anführt. Dass der Kommunismus als Werk des Teufels erscheint, ist keine besonders originelle Interpretation, wird aber aus der christlichen Grundhaltung Dreyers erklärbar. In dieser letzten Episode widerstehen die Anständigen den diabolischen Verführungsversuchen. Clara Pontoppidan, die auch in Christensens HÄXAN mitspielte, verkörpert die widerständige Siri, durch deren Haltung alle Bemühungen des Teufels letztlich zunichtegemacht werden. Trotz aller historischen Erfolge hat sich sein Strafmaß verlängert, und die Opfer wurden vollkommen sinnlos erbracht – oder aber die Opfer haben den Teufel einem verfrühten Optimismus aufsitzen lassen, sodass er gar nicht mehr mit der möglichen Widerständigkeit menschlicher Subjekte gerechnet hat. Die Kritik lobte vor allem die bildstarken Profil- und Frontalansichten, die den Figuren etwas Typenhaftes verlieh und dadurch als besonders spirituell erscheinen ließ. Ein Stilmittel, mit dem Dreyer in seinen Hauptwerken immer wieder arbeiten sollte, wie wir noch sehen werden.

Mit der Romanverfilmung (nach Vorlage von Aage Madelung) DIE GEZEICHNETEN (1922) drehte Dreyer in Deutschland (und auf Deutsch, was die Texttafeln betrifft). Diese religiös grundierte Gesellschaftsanalyse behandelte ein Thema, das in den 1920er Jahren vielerorten an schauriger Aktualität gewinnen sollte: die Diskriminierung der (in diesem Fall sowjetischen) Juden, an deren Beispiel der Film ausführt, wie der latente Antisemitismus manifest wird und letztlich zum

Pogrom führt. In der Bang-Verfilmung MICHAEL gelang dem heterosexuellen Dreyer eine (wie die Rezeption bestätigte) glaubwürdige wie unverblümte Schilderung einer tragischen gleichgeschlechtlichen Liebe, die gesellschaftlich noch unmöglich ist. Weltgeschichte und die Verstrickung von Einzelfiguren, die teils repräsentativ für viele stehen, teils Ausnahmeerscheinungen darstellen, bestimmen viele Filme Dreyers (nicht nur, aber besonders) aus dem ersten Jahrzehnt seines Schaffens. Dies gilt auch für LA PASSION DE JEANNE D'ARC (1929, DIE PASSION DER JUNGFRAU VON ORLÉANS, auch DER PROZESS DER JOHANNA VON ORLEANS), den Dreyer in Frankreich dreht. In der Hauptrolle agiert Maria (eigentlich Renée) Falconetti, der Dramatiker und Theatertheoretiker Antonin Artaud ist in der Rolle eines Geistlichen zu sehen. Was spätere Historienfilme ins Monumentale mit ausladenden Panoramaszenen versetzen würden, wird von Dreyer stark reduziert (der Film fokussiert auf den Prozess gegen Jeanne und ihre Hinrichtung). Einige wenige Figuren werden zu den Trägern der großen geschichtlichen Konflikte im Hundertjährigen Krieg, denen mit ausdrucksstarken Nahaufnahmen und Portraits (nicht nur) physisch sehr nahgekommen wird. Es sind die perfekt inszenierten Close-ups, die den Gefühlsregungen der Figuren nachgehen, besonders der euphorischen wie der leidenden Jeanne (siehe Abb. 5), aber auch den kalten Geistlichen und drakonischen Inquisitoren, dem teils spottend-schaulustigen, teils mitleidend-trauernden Volk, das seine Tochter und spätere Nationalheilige beweint. Augen, Mienen und ikonische Szenen mit langen Einstellungen – Dreyer sucht damit nicht nur Anklänge an Bilddarstellungen von Heiligenportraits, es gelingt ihm auch, die exorbitante Stellvertreterrolle glaubwürdig herauszuarbeiten. Wie bei Christensen und HÄXAN kommt dem Scheiterhaufen besondere Aufmerksamkeit zu, jedoch wird die geschundene und gestrafte Einzelne bei Dreyer (durchaus in Analogie zum für alle stellvertretend gestorbenen Christus) zur Erlöserin, deren Opfer sinnstiftend wirkt und kaum exploitativer Elemente verdächtig ist. Ein Film, der auch nach 95 Jahren noch eindringlich und beklemmend wirkt, verdankt sich vor allem dem Mienenspiel der Jeanne-Darstellerin Falconetti, das trotz

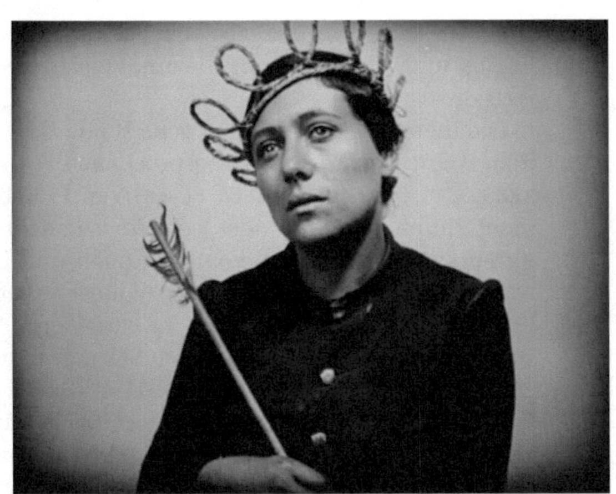

Maria Falconetti in LA PASSION DE JEANNE D'ARC

aller historischen Differenz keine komischen Effekte hervorruft. Wenn man die letzten Einstellungen des Films auf sich wirken lässt, dann kann man es vielleicht als Glücksfall sehen, dass für die Produktion die finanziellen Mittel fehlten, um aus LA PASSION DE JEANNE D'ARC einen Tonfilm zu machen. Dass die große Anerkennung erst Jahrzehnte später einsetzte, gehört zur Tragik Dreyers und des Films, der in Frankreich auf kirchliches Betreiben hin um 15 Minuten geschnitten werden musste (allerdings 1995 auf die Filmliste des Vatikans gesetzt wurde), in England wurde er wegen allzu negativ empfundener Darstellungen englischer Soldaten verboten, in Deutschland ging die (unzensierte) Originalfassung 1928 bei einem Studiobrand in Flammen auf. Dreyers aus Reststücken restaurierte Fassung wiederum fiel ein Jahr später einem Feuer zum Opfer, eine vollständige Fassung wurde erst 1981 wiedergefunden.

Offiziell kanonisiert wurde in Dänemark von Dreyers früheren Filmen jedoch nur DU SKAL ÆRE DIN HUSTRU (engl. MASTER OF THE HOUSE) von 1925 mit Johannes Meyer, Astrid Holm und Karin Nellemose. In dieser gut beobachteten Gesellschaftsstudie geht es um die männliche Vorherrschaft in der Familie und die daraus entstehenden Konflikte, die zu Lasten der Frau ausgehen, es sei denn, der Mann weiß die

Wünsche seiner Ehefrau zu schätzen (darauf nimmt der Titel Bezug) und erkennt sie als die eines gleichberechtigten Subjekts an.

Die thematische wie stilistische Breite Dreyers wird deutlich, wenn man die bisher besprochenen Filme neben VAMPYR – DER TRAUM DES ALLAN GRAY von 1932 betrachtet. Das nicht durch Opulenz oder gewaltige Panoramen, sondern durch symbolstarke Bildkompositionen und Details bildgewaltige Meisterwerk kam dabei mit einer äußerst ungewöhnlichen Entstehungsgeschichte in die Welt. Auch VAMPYR stand anfangs unter keinem guten Stern. Durch den kommerziellen Misserfolg seines Jeanne-d'Arc-Films fehlte es Dreyer an Unterstützung, um sein nächstes Projekt auf sichere Füße zu stellen. Die Rettung kam in Gestalt von Nicolas de Gunzburg daher, einem Bankierssohn und Film-Aficionado, der Dreyer die Finanzierung des Films zusagte – unter der Bedingung, dass er selbst die Hauptrolle übernehmen werde. Da er als Mäzen die Seriosität des Projekts nicht gefährden wollte, wurde aus Gunzburg der Schauspieler »Julian West«. Unter diesem Namen spielte Gunzburg den Träumer Allan Gray, einen Studenten mit Neigung zum Übernatürlichen, der im Gasthaus eines französischen Dorfes mysteriöse Dinge erfährt und sich aufmacht, die unheilvollen Vorgänge zu untersuchen. Allan bekommt ein Paket, das er erst nach dem Tod des Absenders öffnen solle (in dem er ein Buch über Vampire vorfindet, das ihm die Vorgänge begreiflich macht), wird von einem Schatten durch eine Burg und ein Schloss geführt, wo er auf den Absender des Pakets (Maurice Schutz) trifft, der sich als Adliger zu erkennen gibt – und bald darauf erschossen wird. Seine Töchter Gisèle (Rena Mandel) und Léone (Sybille Schmitz) haben es Allan indessen angetan, in die erste verliebt er sich, die zweite findet er mit unerklärlichen Bissspuren im Schlosspark (was durch das Buch als Vampirangriff gedeutet werden kann). Allans Blutspende rettet ihr Leben, nimmt ihn vorübergehend als Handelnden aus dem Spiel, beschert ihm bedrohliche Träume und Visionen (unter anderem von seiner eigenen Beerdigung), während ein Diener des Schlosses die Vampirin als Urheberin der übernatürlichen Vorgänge unschädlich machen kann. Offiziell wurde

VAMPYR nach dem Vorbild von Sheridan LeFanus Novelle *Carmilla* (1872) modelliert, dessen Handlung und Figurenkonstellation aber nur in Ansätzen übernommen wurde (die Vampirin, die es auf Frauen abgesehen hat, stimmt jedoch überein). Ebenso erinnert VAMPYR in einigen Aspekten auch an Bram Stokers *Dracula* (1897), ein Stoff, der nicht zuletzt durch Friedrich Wilhelm Murnaus NOSFERATU (1922) eine gewisse Popularität gewonnen hatte. Doch anders als Murnau arbeitet Dreyer in seinem Vampirfilm mit Ton, was insbesondere für die Marktadressierung gewisse Umständlichkeiten mit sich brachte: VAMPYR wurde in drei Sprachen (Französisch, Deutsch und Englisch) gedreht, die Sprechszenen wurden daher dreimal aufgenommen, was dazu führt, dass VAMPYR nicht einmal ›im Original‹ absolut mit sich selbst identisch ist. Für den sparsamen Einsatz von Ton und gesprochenen Passagen mag das die pragmatische Erklärung sein; die Abwesenheit von Geräusch und Sprache trägt aber auch stark zur Atmosphäre des Films bei, die (dem Untertitel voll gerecht werdend) immer wieder als *traumhaft* beschrieben worden ist. Mehrfach codierte Einstellungen und

VAMPYR – DER TRAUM DES ALLAN GRAY

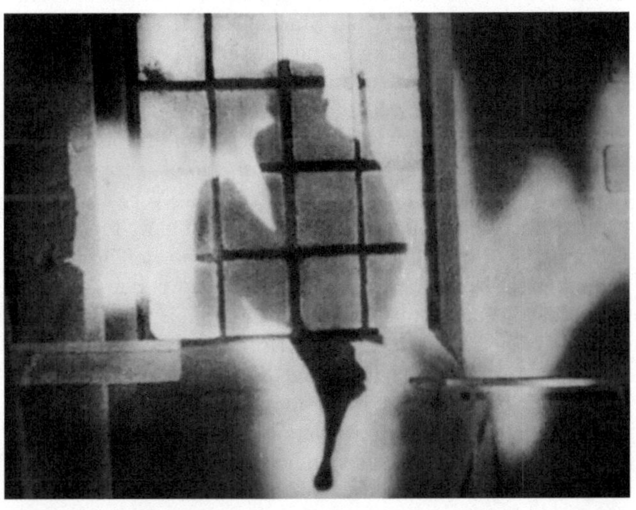

ikonische Bilder (die u. a. Widerhall in Ingmar Bergmans DAS SIEBENTE SIEGEL finden) wie der Mann mit der leitmotivischen Sense, der einsteigende Schatten-Dämon (siehe Abb. 6) oder die Mühle wecken auch dann starke Eindrücke und Assoziationen, wenn gar nicht ohne weiteres klar ist, was in den jeweiligen Bildkompositionen gezeigt wird und wie diese semantisch zu begreifen sind.

Es sind aber nicht nur traumhafte Bilder, sondern auch inhaltlich traumhafte Szenen und Handlungen, bei denen nicht immer eindeutig ist, was gerade warum vor sich geht – die Triebkräfte sind nur selten mit im Bild. Bewegung und Übergänge geschehen von selbst; nur der Tod (der vor allem durch die Sense des Schnitters immer wieder durchs Bild geistert) wird als Macht sichtbar. Die Figuren erscheinen vor dem Hintergrund dieser Allgegenwart (und Allmacht) des Todes wie Schlafwandelnde, die deshalb auch zunächst der Verführungsgewalt des Vampirs blind erliegen – möglich ist es auch, den verlorenen oder verdrängten Glauben als Begründung anzunehmen. Allan Gray ist nicht der Einzige, der sich auf alternative Pfade der Erkenntnis begeben hat und im Okkultismus andere Beziehungen zum Transzendentem sucht. Wie (nicht nur) in vielen der bereits erwähnten Vampirfilme können die untoten Blutsauger nur dort reüssieren, wo der rettende Glaube in eine (persönliche) Krise geraten ist. Dass sich Irritationen und Visionen Allan Grays so eindringlich auf die Zuschauenden übertragen, verdankt sich einer ungewöhnlichen Filtertechnik. Man drapierte Gaze zwischen Kameralinse und Szene, um die oft surreal anmutenden, traumhaften Bilder zu erzeugen, ihre Verwaschenheit unterstützt den Charakter des Uneindeutigen. In der Verschränkung von Traum, Verführung und Tod rief Dreyer zentrale romantische Topoi auf, ohne dieser Epoche direkt zu huldigen. VAMPYR und sein subtiles Grauen sind kein anachronistischer, typisch gotischer Horror, sondern thematisch und ästhetisch auf der Höhe der Zeit. Als Dreyer und sein Team im Sommer 1931 in Frankreich drehen, erscheint in den USA ein Film, der paradigmatisch dafür werden sollte, wie ein Vampirfilm auszusehen hat: Tod Brownings DRACULA mit Bela Lugosi in der Hauptrolle. Dass Dreyers VAMPYR kein großer Erfolg beschieden war und er für längere Zeit als eher misslungenes Experiment angesehen wurde, mag auch darin einen Grund haben, dass er sich vom klassischen Horrorfilm der 1930er Jahre auffallend stark unterscheidet, und viel stärkere Gemeinsamkeiten mit Theaterstücken wie August Strindbergs *Traumspiel* als mit gotischem Horror besitzt. In den letzten Jahrzehnten hat die Wertschätzung von VAMPYR enorm zugenommen. Er stelle heute den »Goldstandard des Arthouse-Horror« dar, ist 2022 in einer Rezension von Dark Corners Reviews zu vernehmen[9], denn der Film sei (und darin stimme ich vollkommen zu) atmosphärisch kaum übertroffen und vieldeutig, was nicht nur die individuelle Mehrfachrezeption begünstigt, sondern auch die Vielfalt der Lektüren und Deutungen, die VAMPYR in Film- und Kulturwissenschaft erfahren hat.

Immer wieder wird deutlich, dass Dreyer kaum ohne das Theater zu begreifen ist, mit dessen Verfahrensweisen er sich stets produktiv auseinandersetzt. Dies gilt auch für drei weitere Filme, die, obwohl vollkommen unterschiedlich, allesamt als Klassiker und herausragende Filmkunstwerke angesehen werden: VREDENS DAG (1943), ORDET (1955) und GERTRUD (1964) basieren auf Theaterstücken, die vorsichtig modifiziert, aber weitestgehend werkgetreu adaptiert wurden. VREDENS DAG (DER TAG DES ZORNS) beschäftigt sich mit der Geschichte der historischen Anne Pedersdotter, die im 16. Jahrhundert in Norwegen wegen angeblicher Hexerei hingerichtet wurde. Dreyer verfasste das Drehbuch nach Hans Wiers-Jenssens Stück *Anne Pedersdotter* von 1908, in dem die Pfarrersfrau Anne (Lisbeth Movin) eine alte der Hexerei beschuldigte Frau versteckt, der ihr Mann, der Pfarrer Absalon Pederssøn (eine ähnliche ambivalente Figur wie der biblische Absalom) den Prozess macht und sie auf den Scheiterhaufen bringt, um, wie er sagt, ihre Seele zu retten. Anne beginnt ihren Mann zu hassen und verliebt sich in ihren Stiefsohn Martin; sie träumt von einem freien und glücklichen Leben ohne Absalon, der kurz darauf an einem Herzin-

9 Vgl. dazu www.youtube.com/watch?app=desktop&v=OhqUPrqFrfg (letzter Zugriff am 12.03.2024).

farkt verstirbt. Anne wird von ihrer Stiefmutter der Hexerei bezichtigt und bekennt sich, anders als alle bisher erwähnten ›Hexen‹, schuldig. Im weißen Büßerinnen-Gewand gesteht sie in der letzten Spielfilmszene des Films ihre Verfehlung, ehe einige Buchseiten den mittelalterlichen Hymnus vom *Tag des Zorns* (lat. Dies irae) über das Jüngste Gericht einspielen. Zuletzt erscheint ein dunkles Kreuz vor weißem Kreuz, das schließlich überdacht wird, um zu einem Mordzeigekreuz zu werden. Annes Wunsch ist zu weit gegangen, seine Folgen somit unentschuldbar. Der stille, von starken Kontrasten und strengem Mienenspiel lebende VREDENS DAG wurde nicht in die Liste des Vatikans, allerdings in den nationalen Kanon aufgenommen. Von einer solchen Auszeichnung ist TVÅ MÄNNISKOR (dt. »Zwei Menschen«, 1945) weit entfernt. Dieses Projekt gilt als gescheitert, von der Kritik wurde er gar als »Müll«[10] tituliert und war erneut mit großen Enttäuschungen wie finanziellen Nachteilen für Dreyer verbunden. Der Film endet mit einem Doppelsuizid, und es scheint fast so, als besiegele damit auch der Regisseur seine Karriere. Wie so viele zeitgenössisch geringgeschätzte und ›vergessene‹ Filme wurde auch TVÅ MÄNNISKOR von späteren Generationen neu entdeckt und erstmals gewürdigt.

Vollkommen anders war dies bei ORDET (DAS WORT, 1955), der nach einem Stück des dänischen Geistlichen Kaj Munk entstand (Munk wurde 1944 von Nationalsozialisten erschossen, im Film taucht zweimal ein Gedenkkreuz auf, das an ihn erinnert). Dreyer war in der Zwischenzeit auf eine staatlich finanzierte Stelle als Kinoleiter berufen worden, was ihm die nötige finanzielle Unabhängigkeit verschaffte, um nach Jahren der Pause (in den zehn Jahren zwischen TVÅ MÄNNISKOR und ORDET drehte Dreyer nur einige Kurzfilme meist dokumentarischen Charakters) wieder ein neues Spielfilm-Projekt anzugehen. ORDET nimmt die religiöse Spannung, die Dreyers Werkbiografie durchzieht, noch einmal auf und spitzt diese zu, auch weil er sie explizit macht, indem er die religiösen Gegensätze eng an verschiedene Figuren bindet. Ausge-

10 Jan Olsson: »Två Människor/Two People.«, in: *The Cinema of Scandinavia*, hg. v. Tytti Soila. London 2005, S. 79–88, hier S. 79.

hend von dem biblischen Wort, das allem Sein vorausgeht (»Im Anfang war das Wort«), entwirft der Film eine Konfliktsituation, in der es um die richtige Auslegung des Wortes Gottes geht (von dem sich manche zudem entfremdet haben). Patriarch Morten Borgen hat eine Kirchengemeinde aufgebaut, seinem Sohn Mikkel fehlt es anders als der Schwiegertochter, der frommen Inger, am rechten Glauben. Mortens zweiter Sohn Johannes hat Theologie studiert und ist über den Schriften Søren Kierkegaards dem Wahnsinn verfallen, er zieht predigend durch das Land, hält sich für Jesus Christus und macht allen anderen ihren schwachen Glauben zum Vorwurf. Der dritte Sohn Anders will die Schneiderstochter Anne Petersen heiraten, die jedoch über ihren Vater einer anderen, fundamentalistischen Kirche angehört. In einer Familienkonstellation sind damit (mindestens) drei Interpretationen des »richtigen« Christentums vertreten, die nicht miteinander kompatibel sind und in einen Machtkampf ausarten. Um die Heirat zu ermöglichen, soll die Familie Borgen der Sekte Petersens beitreten, doch bevor es dazu kommt, gibt es Streit und Inger stirbt an den Komplikationen einer (Fehl-)Geburt, wie es vom ›wahnsinnigen‹ Johannes prophezeit worden war. Reue und Klagen über versäumte Feindes- wie Nächstenliebe herrschen vor, doch Johannes behauptet – er hält sich ja für Christus –, die Tote wiedererwecken zu können, wenn die Familie ihren guten Glauben bezeugen würde. Nur eine von Ingers Töchtern glaubt ihrem Onkel, und umso stärker wirkt jenes »Wunder« der Wiederauferstehung, wenn Inger sich im Sarg zu regen beginnt und wieder mit ihren Lieben vereint wird. Ihr Mann, der gottlose Mikkel, findet so endlich seinen Glauben – plötzlich, und unerwartet, wie bei Paulus oder Augustin, tritt seine Bekehrung ein. Ein Thema, das mehrere von Dreyers Filmen miteinander verbindet, die Gottsuche und der Triumph des Glaubens, der in Johanna von Orleans, Anne aus VREDENS DAG, den unbeirrbaren Gläubigen in ORDET und auch in GERTRUD Gestalt annimmt.

Trotz der schwerpunktmäßig theologischen Akzentuierung ist ORDET auch als Historienfilm ernst zu nehmen. Dreyer hat den Anspruch verfolgt, bis in kleinste Details realistisch und historisch so glaubhaft wie nur möglich zu sein, um das Wunder als einmalige Ausnahme vom Realismus umso wirkungsvoller inszenieren zu können – auch im Gegensatz zum traumhaft-schleichenden Geschehen der gänzlich anderen Auferstehungsgeschichte, die in VAMPYR gezeigt wurde. ORDET war, obwohl stark auf das gesprochene Wort fokussiert (und erkennbar dem Theater verhaftet) und ohne große Musikuntermalung, anders als VAMPYR, VREDENS DAG und TVÅ MÄNNISKOR, ein großer Erfolg. Der Film gewann den Goldenen Löwen der Filmfestspiele von Venedig – bei Rotten Tomatoes hat ORDET die extrem unwahrscheinliche 100%-Bewertung (bei 28 Experten-Kritiken, die alle die Höchstpunktzahl vergeben haben) und immerhin 91% bei der Publikumsgunst. ORDET fand ebenfalls Aufnahme in die Filmliste des Vatikans; Dreyer ist der einzige dänische Regisseur, der mit zwei Filmen auf dieser Liste steht (insgesamt sind nur Ingmar Bergman, Federico Fellini und Andrei Tarkowski auch zweimal vertreten), von später gedrehten dänischen Filmen findet sich lediglich noch BABETTES GÆSTEBUD (BABETTES FEST) von Gabriel Axel auf der Empfehlungsliste.

Neun Jahre später unternimmt der zu diesem Zeitpunkt 75-jährige Dreyer ein letztes großes Filmprojekt, das nach einem Stück des schwedischen Dramatikers Hjalmar Söderberg aus dem Jahr 1906 gestaltet wird: GERTRUD (1964). Dreyers letzter Film nimmt den zuvor in DU SKAL ÆRE DIN HUSTRU erörterten Konflikt zwischen männlichen Idealen und weiblichen Lebensmöglichkeiten noch einmal auf. Mit einem Dichter, einem Advokaten und einem Komponisten umgibt sich Gertrud zeitweilig, ihr Lebensweg ist jedoch von einer sich wiederholenden Enttäuschung gekennzeichnet: Neben der Arbeit des Mannes, über die er seine Genialität, Intelligenz und gesellschaftliche Bedeutung voll entfalten kann, ist kein Platz für die Entfaltung der Frau vorgesehen, die bewundernde Begleiterin oder inspirierende Geliebte sein kann, aber kein selbstständiges Individuum. Neben der (selbst für Dreyers Verhältnisse) kühlen und nur sparsam ausstaffierten Inszenierung fällt das Fehlen einer positiven Religiosität auf, Gertrud ist Atheistin, die der sinnlichen Liebe verhaftet ist. Anders als in ORDET gibt es in GERTRUD kein Wunder oder eine rationale Lösung, um die geschilderten gesellschaftlichen Widersprüche ins Positive zu wenden oder gar aufzulösen.

Als Dreyer 1968 starb, befand er sich an der Arbeit an seinem letzten Projekt, das er nicht mehr beenden konnte: eine umfangreiche Jesus-Filmbiografie, die vielleicht eine Summa seines gesamten Schaffens dargestellt hätte. Umfassende Anerkennung und Würdigung Dreyers setzten erst postum ein. LA PASSION DE JEANNE D'ARC, ORDET, VREDENS DAG und GERTRUD zählen zu den Klassikern (nicht nur, aber auch) des dänischen Films, die Dreyers Wahrnehmung als herausragender Regisseur begründet haben. Eher subkutan sind Wirkung und Anerkennung von VAMPYR, der sich durch seine sub- wie populärkulturelle Rezeption als seltenes Phänomen ausweist. Besondere Einzelvorführungen in abseitigen Locations und zahlreiche Live-Vertonungen durch ganz unterschiedliche Bands mögen einen Eindruck davon vermitteln. Dreyers Film erfährt so stetig neue Interpretationen, wie z. B. durch die französische Post Metal-Band Year of No Light, die über mehrere Jahre ihren Soundtrack zu Aufführungen des Films spielte – auf dem niederländischen Roadburn-Festival etwa, oder (so stimmig, wie es bei einem Vampirfilm nur werden kann) auf einer Burg in den Karpaten.

4 Krieg und Nachkriegszeit zwischen Tragödie und Familienfilm

Obwohl Dänemark (wie auch Norwegen) im Zuge des sogenannten »Unternehmens Weserübung« im April 1940 von Deutschland besetzt und zum Protektorat erklärt wurde, kam die Filmproduktion nicht zum Erliegen. Bis 1943 behielt das dänische Königreich seine staatliche und territoriale Integrität, mit deren Aufkündigung allerdings der Widerstand gegen die Besatzer anwuchs. Die Jahre 1943–45 sind geprägt von Maßnahmen, mit denen die Deutschen auf Streiks (»Augustrevolte«) reagierten, die dänischen Streitkräfte entwaffneten

(»Operation Safari«) und die dänische Polizei zu schärferem Vorgehen gegen Widerständige anzuhalten versuchte. Eine nicht unwesentliche Rolle dabei spielte der deutsche Filmemacher Walter Frentz (1907–2004). Frentz war u.a. als Kameramann für Leni Riefenstahl (z.B. bei TRIUMPH DES WILLEN) tätig, arbeitete aber auch als Kriegsberichterstatter für die *Deutsche Wochenschau* und hatte einen direkten Zugang zu Hitler. Frentz machte den »Führer« darauf aufmerksam, dass sich die Situation in Dänemark veränderte. Die Suche nach »Ausländern«, vor allem deutschen Immigranten, und die (zum Teil glücklich verhinderten) Deportationen von Juden und Jüdinnen wurden aufgrund seiner Warnungen ab 1943 verschärft – was bedeutete, dass die Fluchtwege ins neutrale Schweden umso wichtiger wurden.

Die Deutschen bestimmten auch (mit) über Filmproduktionen und Kinoprogramme. Kopenhagens Theater wurden dazu angehalten, bestimmte Filme zu zeigen, von denen mindestens die Hälfte deutsch(sprachig) sein sollte. Direkte Bezüge oder gar Kritik an der aktuellen politischen Lage verbot sich daher; unverfänglich waren nur Formen von seichter Unterhaltung, die möglichst weit weg vom Zeitgeschehen führen sollten. Insofern sind die dänischen Komödien und Unterhaltungsfilme vollkommen anders motiviert als ihre deutschen Pendants. Die deutschen Großprojekte wie MÜNCHHAUSEN (1943) oder DIE FEUERZANGENBOWLE (1944) betrieben Gute-Laune-Propaganda im Vernichtungskrieg, während Veit Harlans KOLBERG (1945) an der Durchhaltementalität arbeitete. Demgegenüber nutzt eine Screwball-Komödie wie Bodil Ipsens EN HERRE I KJOLE OG HVIDT (EIN GENTLEMEN IN WEISSEM FRACK UND KRAWATTE, 1942) eine Amnesie (ohnehin ein bevorzugtes Mittel, um sich den Verhältnissen erfolgreich zu entziehen) als Ausgangspunkt für zahlreiche Verwechslungen und turbulente Überraschungen. Es ist nicht nur das Regiedebüt von Ipsen, die als Schauspielerin bereits einige Jahrzehnte im Film aktiv gewesen war (zuletzt 1938 in der Komödie BOLETTES BRUDEFÆRD), sondern einer der ersten Filme einer dänischen Regisseurin überhaupt (Alice O'Fredericks war bereits in den 1930er Jahren mit Komödien hervorgetreten). Ipsen (1889–1964) ist neben

Bodil Kjer (1917–2003) Namenspatronin des ältesten dänischen Filmpreises (Bodil), der seit 1948 verliehen wird. Mehr aber noch als mit ihren beliebten Komödien hat sich Ipsen mit Kriminalfilmen in die Publikumsgunst wie auch in die Filmgeschichte gebracht. Der Thriller AFSPORET (dt. ENTGLEISTE MENSCHEN), den Ipsen gemeinsam mit Lau Lauritzen junior (dem Sohn des PAT UND PATACHON-Regisseurs Lau Lauritzen senior) dirigiert, erscheint 1942. AFSPORET ist der erste dänische Film noir, der sich in die Tradition der amerikanischen Vorläufer stellt und von einer Frau (das Muster wiederholt sich) mit Gedächtnisverlust erzählt, die in den Bannkreis des organisierten Verbrechens und in die Prostitution gerät, als sie sich auf den falschen Mann einlässt. Das Sittengemälde nach einem Theaterstück Karl Schlüters endet mit der Selbsttötung der unrettbar vom Weg abgekommenen Esther (Illona Wieselmann). Die Jüdin Wieselmann floh bald nach Abschluss der Dreharbeiten nach Schweden und wirkte (soweit dies bekannt ist) nur noch in einem einzigen Film mit. Ihr Filmpartner Ebbe Rode, der später in BABETTES GÆSTEBUD (BABETTES FEST, 1987) auftrat, hatte in AFSPORET eine seiner ersten Rollen.

Ipsens zweiter Film, MORDETS MELODI (dt. DIE MELODIE DES MORDES, 1944, nach einem Hörspiel von Tavs Neiiendam), setzt Sujet und Stil von AFSPORET fort, ist aber aufgrund einiger unfreiwillig komischer Szenen und dilettantischer Darsteller weniger gelungen als der Vorgänger. Im gleichen Jahr erscheint mit dem Krimi BESÆTTELSE noch ein weiterer dem Noir verpflichteter Film Ipsens. Weit interessanter als dieser ist DE RØDE ENGE (ROTE WIESEN, 1945), der eine Reflexion auf die Jahre der Besatzung und des Weltkriegs darstellt. Auf Grundlage des gleichnamigen Buches des dänischen Widerstandskämpfers Ole Valdemar Juul zeigt der Film die Erinnerungen eines dänischen Saboteurs, der in deutscher Kriegsgefangenschaft auf seine Hinrichtung wartet. Unbeirrbar in seiner antifaschistischen Haltung lässt er seine Aktionen gegen die Besatzer Revue passieren. Er kann schließlich durch die Hilfe eines Wärters ausbrechen und mit seiner Freundin nach Schweden fliehen. Ipsen arbeitet bei dieser Adaption erneut mit Lau Lauritzen zusammen, der auch bei STØT STÅR

DEN DANSKE SØMAND von 1948 (kein deutscher Titel bekannt, wörtlich hieße er »Fest steht der dänische Seemann«, in England als THE VIKING WATCH OF THE DANISH SEAMAN) ihr Partner war. Der Film setzt den Ansatz von ROTE WIESEN fort und inszeniert auf Grundlage der Kriegstagebücher des Seemanns Kaj Frische (dessen Rolle von Lauritzen jun. persönlich übernommen wird) eine Geschichte über den Widerstand dänischer Seeleute und ihre Unterstützung der Alliierten gegen den deutschen Aggressor.

In diesem Kontext kann auch ein Film wie Carl Theodor Dreyers VREDENS DAG (1943) noch einmal anders gelesen werden, der mit seinen Darstellungen von Folter und Hexenprozessen aus dem 17. Jahrhundert durchaus als Allegorie auf die Zeit aufgefasst werden kann (und auch als solche verstanden wurde, obwohl dies nach eigenen Angaben nicht von Dreyer intendiert war). Historische Sujets, man denke an die Romane von Reinhold Schneider oder Werner Bergengruen, boten die Möglichkeit, Parallelsituationen und -szenen zu entwerfen, die mit der Gegenwart vieles gemeinsam hatten, aber mit dem Verweis auf die historische Wirklichkeit früherer Jahrhunderte vergleichsweise sicherere Möglichkeiten der Erklärung und Entschuldigung besaßen. Ähnlich parabolisch verfährt auch Hagen Hasselbalchs Dokumentarfilm KORNET ER I FARE (dt. »Das Korn ist in Gefahr«), der kurz vor der Befreiung Dänemarks im April 1945 erschienen ist. In erster Linie scheint es sich um einen Lehrfilm zu handeln, der über den Kampf gegen den Kornkäfer informiert, zugleich ist er aber auch als Widerstandsparabel gegen die deutsche Besatzung lesbar.

In diese Zeit und dieses thematische Spektrum fallen auch die ersten Hauptrollen Bodil Kjers, die zu einer der beliebtesten Nachkriegsschauspielerinnen in Dänemark wurde. Zwei Filme begründeten ihre Popularität, SOLDATEN OG JENNY (1947) und JOHN OG IRENE (1949). JENNY UND DER SOLDAT (unter Regie von Johan Jacobsen) ist eine Sozialstudie, die Ungerechtigkeit und Elend am Beispiel von zwei Verliererfiguren (Bodil Kjer und Poul Reichhardt) nachvollzieht, die nach juristischer Verurteilung und sozialer Marginalisierung erkennen, dass sie angesichts ihrer Lebensverhältnisse keine

Chance auf eine anständige bürgerliche Existenz besitzen, doch immerhin einander haben. Die große Liebe fungiert als Kompensation der sozialen Verwerfungen. Für die aufstrebende Saga Film A/S übernahm Kjer in dem Noir-beeinflussten Krimimelodram JOHN OG IRENE (1949, R: Asbjørn Andersen) erneut die Hauptrolle. Mit Ebbe Rode spielt sie ein durch die Lande ziehendes Tänzerpaar, das sich mehr schlecht als recht durchschlägt. Als Irene aufgrund ihrer unsicheren finanziellen Situation vorschlägt, das gemeinsame Baby abtreiben zu lassen, begeht John einen Diebstahl mit Todesfolge und flieht nach Schweden. Dort trifft er mit Irene zusammen, die weiß, was er getan hat, obwohl er es ihr verschwiegen hatte. Das Geld, zu dem sie schuldhaft gekommen sind, wird nicht mehr wie geplant benötigt, denn Irene hat abtreiben lassen und wird, wie die letzte Szene des Films andeutet, wahrscheinlich an den Folgen sterben.

Existenzielle Verunsicherung, Fluchten nach Schweden und hoffnungslose Zukunftsaussichten. Die Besatzungszeit und der Weltkrieg haben Spuren hinterlassen, auch dort, wo sie nicht explizit zum Thema gemacht werden. Eine direkte Auseinandersetzung mit dieser einschneidenden Phase der (nicht nur dänischen) Geschichte ist in zahlreichen weiteren Produktionen unternommen worden. Von Sven Methlings Widerstandsdrama DER KOM EN DAG (ES KOMMT EIN TAG, 1955) über die von Annelise Reenberg dirigierte Komödie VENUS FRA VESTØ (VENUS VON DER WEST-INSEL, 1962) und Palle Kjærulff-Schmidts Drama DER VAR ENGANG EN KRIG (dt. »Es war einmal ein Krieg«, 1966) bis zu Lars von Triers Regiedebüt BEFRIELSESBILLEDER (BILDER DER BEFREIUNG, 1982) und Anne-Grethe Bjarup Riis' HVIDSTEN GRUPPEN (international als THIS LIFE, 2012) weisen die Filme keineswegs einheitliche Bilder und übereinstimmende Deutungen auf. Sie geben stets aktuelle Diskurse wieder und zeigen so den wechselhaften Umgang mit dieser auch in der Nachfolgegeneration noch belastenden Episode der eigenen Geschichte.

Freilich gibt es auch Filme, die von all dem nichts erahnen lassen, wie etwa MANDEN, DER IKKE KU' SIGE NEJ bzw. DER MANN, DER NICHT NEIN SAGEN KONNTE, eine dänisch-schweizerische Koproduktion, die auf Initiative des dänischen Produzenten Preben Philipsen (Mitgründer des Constantin Filmverleihs) entstanden ist. In der fast ausschließlich mit deutschen Schauspielern und Schauspielerinnen besetzten Komödie mit Heinz Rühmann, Hannelore Schroth und Siegfried Lowitz in den Hauptrollen kommt das historisch belastete Verhältnis nicht zur Sprache. Stattdessen werden betulicher Witz und wenig überraschende Verwechslungen und Irrtümer dargeboten, die dem Haushaltsgerätevertreter Thomas Träumer (Rühmann) zeitweilig großen Ärger einhandeln, der sich, wie kaum anders zu erwarten, in Wohlgefallen auflöst.

Dass die dänische Filmlandschaft Ende der 1950er, Anfang der 1960er Jahre lange nicht mehr dem entspricht, was sie einmal gewesen ist, lässt sich auch am Werdegang einer der wenigen dänischen Weltstars dieser Jahre nachvollziehen. Hanne Karin Blarke Bayer (1940–2019), die später als Anna Karina zu einer Ikone des 1960er Jahre Kinos und einem prominenten Gesicht der *Nouvelle Vague* wurde, verließ Dänemark als Siebzehnjährige. Mit 15 $ von ihrem Großvater trampte sie nach Paris, um ihre schreckliche Kindheit hinter sich zu lassen, mehr aber noch, um Schauspielerin zu werden. In Dänemark wurde ihr die Aufnahme in die Schauspielschule aus Altersgründen verwehrt (erst mit 21 hätte sie dort beginnen können). In Paris arbeitete sie als Fotomodell und wurde von Jean-Luc Godard in einer Palmolive-Werbeanzeige gesehen, der sie für Á BOUT DE SOUFFLE (AUSSER ATEM, 1960) verpflichten wollte, was sie jedoch wegen der verlangten Nacktszenen ablehnte. Wenig später kam Godard erneut auf Karina zu, sie willigte ein und UNE FEMME EST UNE FEMME (EINE FRAU IST EINE FRAU, 1961) war der erste ihrer insgesamt acht gemeinsamen Filme. Im selben Jahr heirateten die beiden. Später drehte sie u.a. mit Luchino Visconti und Rainer Werner Fassbinder – eine Karriere, wie sie ausgehend von Dänemark in dieser Zeit höchst unwahrscheinlich gewesen wäre.

Die Schwerpunkte der dänischen Filmproduktion in den Nachkriegsjahren lagen ganz klar anderswo. Mit dem Familienfilm wurden auch die Weichen für den Aufstieg des Kinderfilms gestellt. Während die Geschichte des schwedischen

Films nicht ohne die zahlreichen Astrid-Lindgren-Verfilmungen (MICHEL, RONJA RÄUBERTOCHTER, WIR KINDER AUS BULLERBÜ u. a.) oder die Adaptionen des Selma-Lagerlöf-Klassikers *Nils Holgersson* vorstellbar ist, steht der Kinderfilm in Dänemark demgegenüber ein wenig zurück, auch wenn die Verfilmungen der ebenfalls in aller Welt populären Märchen Hans Christian Andersens qualitativ wie quantitativ durchaus mithalten können. Als einer der überaus beliebten Nationaldichter wurde Andersen aber zunächst vor allem außerhalb Dänemarks für den Film adaptiert, in England, Deutschland, Frankreich (von Jean Renoir) oder den USA (Disney zeigte früh Interesse an Stoffen und Figuren). Es dauerte etwas, bis auch in Dänemark ähnlich hochkarätige Verfilmungen in Angriff genommen wurden. Dafür dann aber umso stärker bemüht, gerät Svend Methlings FYRTØYET (DAS FEUERZEUG, international als THE TINDER BOX) 1946 zum herausragenden Werk. DAS FEUERZEUG ist der erste dänische

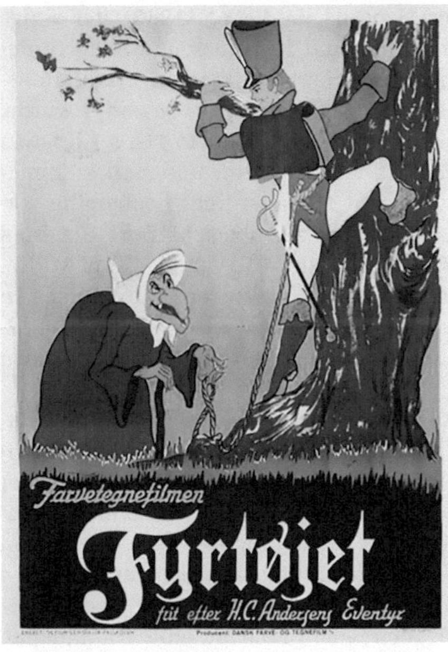

Werbeplakat für FYRTØYET

Farbzeichentrickfilm (er wurde auch besonders als »Farvetegnefilmen« beworben), für den kaum ein Aufwand gescheut wurde.

Methling dehnt Andersens kurzes, bereits mehrfach verfilmtes Märchen um einen Soldaten, der von einer Hexe ein magisches Feuerzeug bekommt, zahlreiche Abenteuer besteht und zum Schluss die Prinzessin und ein halbes Königreich gewinnt, zu einem mehr als 70-minütigen Reigen aus. Auch wenn der Film seine Anleihen bei Walt Disney und Dave Fleischer (v.a. GULLIVER'S TRAVELS, 1939) kaum verhehlen konnte und wahrscheinlich auch gar nicht wollte, ist das Ergebnis eine eigenständige Interpretation, die Maßstäbe setzte und spätere Trickfilme inspirierte. Dennoch wurde Dänemark zu keiner Hochburg des Animationsfilms, nur sporadisch wurden weitere Filme realisiert, von denen lange Zeit keiner an DAS FEUERZEUG heranreichen sollte. Erst in den 1980er Jahren entstanden Jannik Hastrups Walabenteuer SAMSON OG SALLY (SAMSON & SALLY: THE SONG OF THE WHALES, 1984) und Peter Madsens VALHALLA (1986), der einige eddische Mythen um Thor und Loki in freundliche Bilder übersetzte, aber aufgrund seiner exorbitanten Produktionskosten trotz guter Besucherzahlen als Flop gewertet wurde. Über Dänemark hinaus sind aber vor allem Hans Christian Andersens Vorlagen für den Kinderfilm und sein kommerzieller Erfolg, man denke an die (allerdings hochgradig vorlagenuntreue) ARIELLE, kaum zu überschätzen. Siegfried Hartmanns DAS FEUERZEUG wurde 1959 von über fünf Millionen Menschen gesehen und zu einem der erfolgreichsten DDR-Filme überhaupt. Die dänische Miniserie UNGE ANDERSEN (2005, R: Rumle Hammerich) gewann immerhin einen Emmy.

Als eigenes Genre konkretisiert sich der Kinder- und Jugendfilm, der auch im Kontext von allgemeiner ausgerichteten Familienfilmen entwickelt wird, erst mit Beginn der 1970er Jahre. Fassbar wird dies an einem weiteren Animationsfilm, BENNYS BADEKAR (BENNYS BADEWANNE, 1971) von Jannik Hastrup Flemming und Quist Møller rund um die Abenteuer des vernachlässigten Jungen Benny, der ausgehend von der hauseigenen Badewanne mit einer Kaulquappe fantastische Tiefseereisen unternimmt. Als einer der wenigen Kinderfilme wurde er mit einem Bodil ausgezeichnet – und in den nationalen Kanon aufgenommen. Zwischen 1950 und den 1970er Jahren entstanden vor allem Familienkomödien (die meist als »Lystspil« betitelt wurden) und sogenannte »Volkskomödien« (»folkekomedier«), die in einem Format etwas für alle zu liefern versuchten. Alice O'Fredericks (1899–1968, eigentlich Mitzi Otha Alice Frederiksen), eine der umtriebigsten dänischen Filmemacherinnen, die in über 70 Filmen Regie führte und mehr als 35 Drehbücher schrieb, war eine der Hauptverantwortlichen dieses überaus erfolgreichen Kapitels der dänischen Filmgeschichte. O'Fredericks begann bereits kurz nach dem Ersten Weltkrieg als Assistentin von Benjamin Christensen (in HÄXAN war sie als Nonne zu sehen), später assistierte sie Lau Lauritzen sen. (mit dessen Sohn Lauritzen jun. arbeitete sie in den 1930er und 1940er Jahren insgesamt 27 mal zusammen). 1950 landete sie ihren größten Erfolg mit DE RØDE HESTE (DIE ROTEN PFERDE) nach einem beliebten Roman von Morten Koch (dessen Bücher bis dahin von der Nordisk Film immer wieder abgelehnt worden waren). Poul Reichhardt und Tove Maës in den Hauptrollen spielen ein jungvermähltes Paar, das einen verschuldeten Pferdehof dadurch rettet, dass sie alles anders machen als ihre härtere Vorgängergeneration und damit erfolgreich sind – ihr Pferd, das von Ole (Poul Reichardt) geritten wird, gewinnt das Derby und saniert damit den Hof. Mit über 2,3 Millionen Kinozuschauern ist DE RØDE HESTE der bis heute erfolgreichste und populärste dänische Film – den, bei knapp über fünf Millionen Einwohnern, fast jeder zweite Mensch in Dänemark gesehen hat. Auch in Deutschland wurde der Film gezeigt, allerdings erst 1968 im ZDF, wo man mit dem in Schwarzweiß gehaltenen Film nicht mehr allzu viel anfangen konnte. Für Alice O'Fredericks waren die roten Pferde jedoch der Beginn einer beispiellosen Erfolgsstory – sie verfilmte noch 16 weitere der über 120 Romane von Morten Koch, die mit feinem Gespür für die dänischen Landschaften, die Vermittlung von moderatem gesellschaftlichem und technischem Fortschritt, allgemeinverständlichem Witz und vielen Happy Endings immer wieder auf gute Publikumsresonanz stießen. Dies gilt vor allem für FAR TIL FIRE (VATER VON VIEREN, 1953), eine der erfolgsreichsten Filmreihen, die bis heute fortgeführt wird und damit zur langlebigsten Serienproduktion in Dänemark geworden ist. Sie ist ein Teil der dänischen Populärkultur geworden, der sich nicht mehr wegdenken lässt. Zunächst waren die Geschichten um den Vater und seine Kinder als Comic des Karikaturisten Kaj Engholm in Tageszeitungen, dann in kleinen Broschüren erschienen. Die über viele Jahre sehr beliebten Zeitungsstreifen legten den Versuch einer Filmadaption nahe (ebenso die Ausdehnung der kürzeren Geschichten zu Romanen, von denen zwischen 1955 und 1971 19 mit Engholms Illustrationen erschienen). 1953 begann O'Fredericks mit Ib Schønberg als Vater (dieser war früher bereits in HÄXAN oder AFSPORET zu sehen), der jedoch nach dem zweiten Teil verstarb und durch Karl Stegger ersetzt wurde. Bis 1961 führte O'Fredericks Regie bei den VATER-Filmen (zumeist mit Robert Saaskin als Assistent); diese acht Filme (zwischen 1953 und 1961) bilden den Kanon von Alice O'Fredericks, die den Gesetzen populärer Serialität gefolgt ist und in die Wiederholung des immer Ähnlichen stets moderate Variationen eingebaut, um dem Publikum nicht zu viel Neues auf einmal zuzumuten, es aber auch nicht zu langweilen. So ist es in den jährlich erscheinenden Nachfolgern vor allem der wechselnde Hintergrund, vor dem die Geschichten inszeniert wurden: Die Teile zwei bis vier situieren den Vater und seine vier Kinder »im Schnee«, »auf dem Land« und »in der Stadt«. Ein zwischenzeitlicher Versuch, die Serie neu zu begründen, scheiterte 1971 (trotz eines beliebten Schauspielers wie Helge Kjærulff-Schmidt in der Rolle des Vaters). Erst mit der »dritten Generation« unter Regie von Claus Bjerre (zwischen 2005 und 2012), in der u. a. Bodil Jørgensen mitwirkte, wurde die Reihe zurück auf die Erfolgsspur gebracht. Auch mit der »vierten« (2014–2015) und aktuell der »fünften« (seit 2017, mit Martin Brygmann als Vater) Besetzung wurden neue Väter und ihre Filme vom Publikum akzeptiert. Die historische Distanz zu den 1950er Jahre Filmen mag einer der Hauptgründe sein, warum eine Modernisierung akzeptabel erschien (oder gar als notwendig erachtet wurde). Geblieben ist die immergleiche

Konstellation des alleinerziehenden, mal mehr, mal weniger überforderten Vaters mit vier Kindern, die beständig neue Anlässe zu Unordnung und Durcheinander bieten. Seit der Wiederbelebung in den frühen 2000ern sind elf neue Teile erschienen, der letzte 2020 (FAR TIL FIRE OG VIKIGERNE; VATER VON VIEREN UND DIE WIKINGER, u.a. mit *Dogma*-Darsteller Thomas Bo Larsen) zeigt die Stabilität und Dehnbarkeit der Reihe, die über sieben Jahrzehnte zu einem fest etablierten Medienverbund geworden ist.

Unter die Familienfilme, die Ausdruck einer zunehmend alle Altersklassen inkludierenden Filmproduktion sind, fielen auch TRO, HÅB OG TROLDDOM (GLAUBE, HOFFNUNG UND ZAUBEREI, 1960) mit Bodil Ipsen und TRE PIGER I PARIS (DREI MÄDCHEN IN PARIS, 1963). Harmlos-unterhaltende Familienfilme, die insbesondere mit den Namen Poul Reichhardt (1913–1985) und Dirch Hartvig Passer (1926–1980) verbunden sind, die über drei Jahrzehnte häufig in solchen Filmen zu sehen waren. Passer war zeitweilig so etwas wie ein Synonym für die Komödie »für die ganze Familie«: Ob PIGEN OG GREVEN (DAS MÄDCHEN UND DER GRAF, 1966), MIG OG MIN LILLEBROR OG STORSMUGLERNE (ICH UND MEIN KLEINER BRUDER UND DIE SCHMUGGLER, 1968) oder SPØGELSESTOGET (DER GEISTERZUG, 1976) – der wandlungsfähige Passer spielte in über 100 Filmen viele verschiedene, zumeist aber komische Rollen, die er häufig durch spontane Improvisationen über die ursprünglichen Vorlagen hinaus entwickelte. Passer gilt daher nicht zu Unrecht als der größte dänische Komödiant des 20. Jahrhunderts; diese Erfolge verhinderten allerdings (sehr zu Passers Leidwesen), dass er in ›seriösen‹ Rollen vom Publikum akzeptiert wurde.

In dieselbe Zeit (und ein etwas engeres Sortiment von *all age*-Filmen) fallen auch die von Erik Balling verantworteten James-Bond-Parodien, die Mitte der 1960er Jahre auf große Begeisterung stoßen. 1965 erscheint SLÅ FØRST, FREDE! (im deutschen Titel mit KALIBER 7,65 – DIEBESGRÜSSE AUS KOPENHAGEN weit deutlicher als Parodie kenntlich gemacht), in dem der Scherzartikelhändler Frede Hansen (gespielt von Morten Grunwald, der einige Jahre später als Benny in den OLSEN-BANDEN-Filmen noch ein wenig bekannter werden sollte, auch seine späteren Mitstreiter Ove Sprogøe und Poul Bundgaard sind bereits mit dabei) in die Auseinandersetzungen feindlicher Geheimdienste gerät und allerlei Verwechslungen und Turbulenzen erlebt, die manchmal actionreich, aber vor allem komisch ins Bild gesetzt werden. Im zweiten Teil SLAP AF, FREDE! (dt. »Entspann dich, Frede«) von 1966, der um die Entführung eines chinesischen Botschafters herum noch einmal die waffentechnischen Innovationen der James-Bond-Filme zu überbieten versucht, spielen Dirch Passer und Clara Pontoppidan in einer ihrer jeweils letzten Rollen. Das Persiflage-Thema hatte sich allerdings erschöpft (Balling dreht mit ähnlichem Cast 1967 die Actionkomödie MARTHA); indirekte Nachfolger der moderat abenteuerlichen, primär vor allem komischen FREDE-Filme wurden die (ebenfalls bis auf den letzten Teil von Erik Balling dirigierten) insgesamt vierzehn Filme um die Olsenbande, in denen diese Stilmittel erfolgreich weiterentwickelt wurden. Mit Ove Sprogøe (Egon), Morten Grunwald (Benny), Poul Bundgaard (Kjeld) und vielen weiteren häufig wiederkehrenden Schauspieler:innen wie Kirsten Walther wurde eine feste Marke etabliert, die erfolgreich in viele Teile der Welt exportiert werden konnte und, wie vielleicht ansonsten nur PAT UND PATACHON, ikonische Bedeutung für das dänische Kino angenommen hat. Im Zentrum der immer ähnlich aufgebauten Filmhandlung steht der »große Coup«, den das vermeintliche Kriminalgenie Egon oft noch aus der Haft heraus plant und vorbereitet, der aber stets (trotz gelegentlicher Zwischenerfolge) aus zumeist absurden Gründen scheitert – dem Fluchtfahrzeug geht der Sprit aus, die zum Lesen des Plans nötige Lesebrille wurde vergessen, die Beute bleibt am Tatort stehen, andere Gaunerbanden durchkreuzen die Ausführung der perfekt vorbereiten Einbrüche oder der Anführer wird im Kühlhaus eingeschlossen. Immer geht bei den Vorhaben der täppischen Gentlemen-Verbrecher etwas – oder im wahrsten Sinne des Wortes: alles Mögliche – schief, heilloses Chaos bricht aus, mit dessen Beseitigung die Figuren bis zum Schluss zu kämpfen haben. Die Filme sind insofern wunderbare Lehrstücke in Sachen Komplexität und Kontingenz – es gibt so viele Unwägbarkeiten, dass die Ausführung des

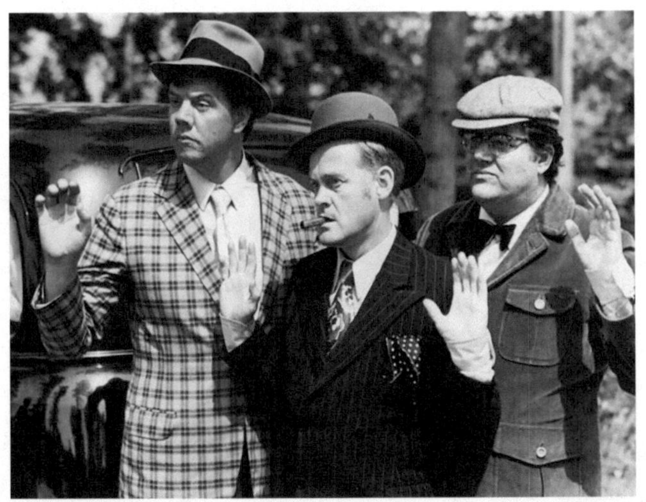

perfekten Verbrechens schlichtweg unwahrscheinlich ist, mag es auch noch so gut durchdacht und vorbereitet worden sein. Das Wie ist dabei das interessante Moment, denn dass (all)es schiefgehen wird, steht von vornherein fest, aus welchen Gründen und mit welchen Folgen, das wird in den meist 90-minütigen Teilen neu entwickelt – bei zahlreichen gleichbleibenden und sich wiederholenden Elementen (statische Figuren, stereotype Wendungen und Motive) sind die Filme reich an sogenannten Running Gags, die einem aufmerksamen Publikum das gute Gefühl geben, zu den Eingeweihten zu gehören. Die Serialität der Olsen-Bande-Filme lebt von der Wiederholung und ihren Trademarks, wie es nur bei wenigen anderen Formaten der Fall ist.

OLSEN-BANDEN

Für Familienfilme war die klamaukige Olsenbande perfekt geeignet, was auch die Ausstrahlung in anderen Ländern bestätigte (dabei kamen die Filme in der DDR weit besser an als in der BRD). Spätere Versuche, Filme »für die ganze Familie« zu produzieren, standen daher immer im Schatten dieser großen Erfolge. Bjarne Reuter (*1950), der weltweit gelesene und in viele Sprachen übersetzte Kinderbuchautor, ließ sich davon nicht abschrecken. Er lieferte die Vorlage für BUSTERS VERDEN (BUSTERS WELT) unter Regie von Bille August (die beiden hatten bereits 1983 bei ZAPPA zusammengearbeitet), die als sechsteilige Serie sowie als Film realisiert wurde (alle 1984). Sie erzählt von dem Jungen Buster, einem häufig glücklosen Nachwuchszauberer, seiner bewegungsbehinderten Schwester Ingeborg und seiner Freundin, dem Wunderkind Joanna, die gegen Mobbing und die Erwartungen ihrer Eltern zusammenhalten. Vor allem für Bille August waren die BUSTER-Filme ein Glücksfall, da ihm die Verfilmung von Martin Andersen Nexös großem Bildungsroman *Pelle Erobreren* (*Pelle der Eroberer,* 1906–1910) angeboten wurde, der 1987 in die Kinos kam. Es war keine leichte Aufgabe, den umfangreichen vierteiligen Roman für eine Adaption umzuarbeiten; man entschied sich daher, nur den ersten Teil von Nexös Tetralogie, *Barndom* (Kindheit), zu verfilmen. Mithilfe der schwedischen Schriftsteller Max Lundgren und Per Olov Enquist sowie erneut Bjarne Reuter erarbeitete August das Drehbuch für einen zweieinhalbstündigen Spielfilm, der als herausragende Literaturverfilmung große (und anhaltende) Anerkennung fand. Dass zwei Schweden am Skript beteiligt wurden, war der Mehrsprachigkeit und den feinen Unterschieden geschuldet, die über sprachliche Varietäten zum Ausdruck gebracht werden. Zwischen Dänisch, Schwedisch und Schonisch (*skånska*) entspannt sich ein intersektionales Abhängigkeits- und Diskriminierungsgeflecht, in das Pelle (gespielt von Pelle Hvenegaard, der wie viele Jungen in Dänemark nach Nexös Romanfigur benannt wurde) und sein Vater Lasse (Max von Sydow, siehe Abb. 9) hineingeraten, als sie nach dem Tod der Mutter Schweden (Skåne) in Richtung des dänischen Bornholm verlassen, um auf einem Hof Arbeit zu finden. Der Vater eigentlich zu alt, der Sohn zu jung, die Vorgesetzten hart und inhuman, auch die anderen Bediensteten befinden sich in ebenfalls misslichen Lagen – ein scheinbar aussichtsloses Szenario. Nexös sozialkritischer Roman setzt an verschiedenen strukturellen Problemen der dänischen Gesellschaft an, solidarisiert sich aber stets mit den Subalternen und Geknechteten. Auch der Film übernimmt diese Parteilichkeit, besonders für den schwedischen

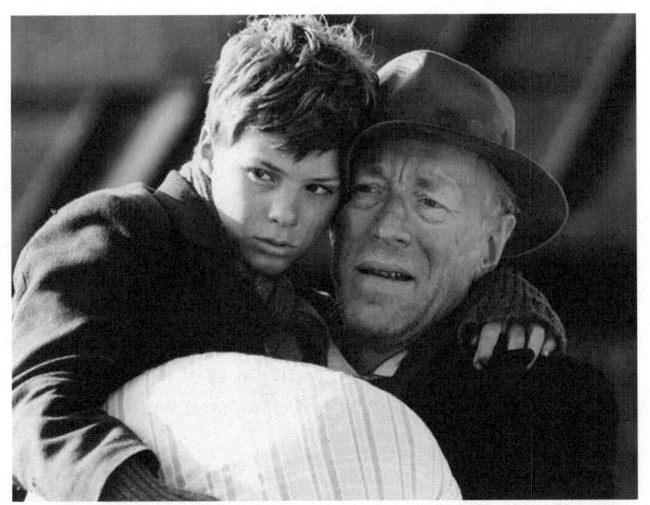

Pelle Erobreren

Arbeiter Erik (Björn Granath), der von den USA und China träumt und mit Pelle »die Welt erobern« will (daher kommt der Titel, nicht von tatsächlichen Eroberungszügen). Auch wenn der weitere Werde- und Entwicklungsgang Pelles (der später nach Kopenhagen geht, um dort eine Führungsfigur in der Arbeiterbewegung zu werden) nicht adaptiert wurde, ist der Transfer vom Literatur- zum Filmklassiker gelungen. Pelle Erobreren wurde sehr gut aufgenommen und für viele Preise nominiert, er gewann 1988 die Goldene Palme in Cannes und 1989 den Academy Award (Oscar) als bester fremdsprachiger Film. Eine Serienadaption, die alle Teile umfassen sollte, wurde 2017 von HBO Nordic angekündigt, aber 2019 aus Budgetgründen wieder auf Eis gelegt.

Wenn man von Familienfilmen spricht, darf auch die Trilogie Krummerne nicht unerwähnt bleiben, die (lose) auf Thøger Birkelands vielfach ausgezeichnetem Kinderbuch basiert. Die Geschichten um die chaotische Familie Krumborg, insbesondere den Sohn Krumme (von dem der Titel – wörtlich »Die Krümel« – abgeleitet ist), erinnern in ihrer filmischen Umsetzung stark an US-amerikanische Erfolgsfilme, allen voran KEVIN – ALLEIN ZU HAUS (HOME ALONE, 1990), mit dem sie nicht nur die wiederholt auftauchenden Einbrecher gemeinsam haben. Regisseur Sven Methling (1918–2005, der seinem Vater Svend bereits 1946 bei FYRTØJET assistiert hatte) bewies bei den ersten drei Filmen (1991, 1992, 1994) und der Weihnachtsserie (KRUMMERNES JUL, 1996) ein gutes Gespür für den Publikumsgeschmack – sie alle waren erfolgreich, vor allem der erste Teil: Für kaum einen dänischen Kinofilm wurden so viele Tickets ausgegeben wie für KRUMMERNE, die Kassen registrierten über 850.000 Verkäufe, bei rund fünf Millionen Einwohner:innen hatte also fast jeder fünfte Mensch in Dänemark den Film gesehen. Erfolge, an die mit den Sequels 2006 (einem weiteren Weihnachtsfilm) und 2014 jedoch nicht mehr ganz angeschlossen werden konnte.

5 Die späten 1960er und 1970er Jahre im Zeichen von Befreiung und Professionalisierung

Dass das Filmschaffen in Dänemark unter Spannung steht und sich geradezu eine manichäische Spaltung vollzieht, hat seinen Ursprung in den 1970er Jahren, als das Dänische Filminstitut begründet wurde, das für die staatliche Filmförderung verantwortlich ist (und natürlich weitere Aufgaben wie Archivierung, Aufbereitung und Vertrieb übernommen hat). Die offizielle Förderung hat zum einen zuverlässiges Arbeiten unter guten Bedingungen ermöglicht, zum anderen aber auch viel Kritik und Ablehnung erfahren, besonders von jenen, die sich als unabhängige Filmschaffende verstanden, oder aus verschiedenen Gründen mit ihren Fördergesuchen auf Ablehnung gestoßen sind.

Die Gründung des DFI ist ein wesentlicher Teil der Institutionalisierung der Filmproduktion in Dänemark, ein anderer ist die dänische Filmhochschule (Den Danske Filmskole). Sie wurde 1966 vom Filmemacher und -theoretiker Theodor Christensen (1914–1967) gegründet. Christensen, der seit den 1930er Jahren für eine Reihe von Kurz- und Dokumentarfilmen verantwortlich war (erwähnenswert ist DET GÆLDER DIN FRIHED von 1946, ein Dokumentarfilm über den Widerstand gegen die NS-Besatzung und eine Kritik an der Kooperationspolitik der dänischen Regierung) unternahm 1965 einen Modellversuch mit 12 Studierenden, denen er alle wesentlichen Teilbereiche und Arbeitsschritte der Filmproduktion vermitteln wollte. Mit einem dokumentarischen Sechsteiler, FILMAKADEMIET, hat dieses Projekt direkt ein praktisches Werkstück hervorgebracht. Die staatliche Anerkennung von Christensens Vorhaben erfolgte, die Hochschule bekam in direkter Nachbarschaft des Musikkonservatoriums und der Kunstakademie Räumlichkeiten zur Verfügung gestellt. Christensen, der Pionier und inspirierende Lehrer sollte nicht mehr viel von dieser erfolgreichen Institutionalisierung haben, er starb bereits 1967 im Alter von 53 Jahren. Doch seine Gründung überdauert ihn bis heute, in vierjährigen Studiengängen lassen sich dort Drehbuch, Kamera, Ton, Editing, Regie (für Spiel-, Animations- und Dokumentarfilme, neuerdings auch für Computerspiele) und Filmproduktion studieren. Nicht nur, aber vor allem im Bereich Regie wurde die Filmschule zur Kaderschmiede. Mit Bille August, Susanne Bier, Pernille Fischer Christensen, Daniél Espinosa, Niels Arden Oplev, Lone Scherfig, Lars von Trier und Thomas Vinterberg besuchten viele namhafte Filmschaffende die DF.

Fünf Jahre später (1972) erfolgt die Gründung des Dänischen Filminstituts (Det Danske Filminstitut, kurz DFI), das zur Aufgabe bekam, ausgewählte Projekte mit staatlichen Zuschüssen zu fördern (und dadurch implizit auch zu kontrollieren). Ausgangspunkt für diese (Neu-)Gründung war eine Auseinandersetzung des Regisseurs Nils Malmros mit der Vorgängereinrichtung, dem Filmfond (*Filmfonden*), bei dem er für seinen Film LARS OLE, 5C (LARS OLE, KLASSE 5C, 1973) wiederholt finanzielle Unterstützung beantragt hatte, aber jedes Mal mit zum Teil aberwitzigen Begründungen abgelehnt worden war. Malmros finanzierte daher auf eigene Kosten und eigenes Risiko seinen Film, der von Publikum und Kritik als »filmmirakel« (»Filmwunder«) begeistert aufgenommen und mit einem Bodil ausgezeichnet wurde. Vor diesem Hintergrund wurden die Vergabeprinzipien des Filmfonds im dänischen Parlament, dem Folketing, diskutiert – mit der Konsequenz, dass der Fond eingestellt und das DFI begründet wurde. Bis zum Beginn der 1980er Jahre wurde, wie vor allem Lars von Trier problematisiert hat, mehr oder weniger die gesamte Filmproduktion Dänemarks abhängig vom DFI, dessen Einfluss bis heute unverändert groß ist, auch wenn es prominente Ausnahmen an Filmen und Regisseur:innen gibt.

In die Phase dieser Institutionalisierung fallen auch einige gesellschaftliche Entwicklungen, die sich mehr oder minder direkt in Filmen niederschlagen. Die politischen Umbrüche, die mit der Chiffre 1968 verbunden werden, registriert der dänische Film weniger als Thema, vielmehr hinsichtlich der damit einhergehenden Folgen. Waren dänische Film schon früh gewagter und offener, was erotische und sexuell explizite Darstellungen angeht, ist es nicht verwunderlich, dass Dänemark 1969 als erstes Land Pornografie legalisierte. Die Gründe dafür liegen im Film, und auch die direkten Folgen lassen sich filmisch nachvollziehen. Um das Jahr 1968 bricht sich eine sogenannte »Sexwelle« Bahn, die auch in Dänemark als gesamtgesellschaftliche Liberalisierung zu beobachten ist und sich im Film besonders deutlich niederschlägt. Schon Mitte der 1960er Jahre kündigt sich dies an: Allein 1965 erscheinen mehrere Filme, die sich mit sexueller Freiheit auseinandersetzen und mehr als einmal nackte Personen auf die Leinwand bringen: HALLØJ I HIMMELSENGEN (HALLO IM HIMMELBETT, R: Erik Balling), SYTTEN (SIEBZEHN, R: Annelise Meinecke) und JEG – EN KVINDE (ICH – EINE FRAU, R: Mac Ahlberg) – dieser vielbeachtete Film inspirierte Andy Warhol zu einem Gegenstück I, A MAN (1967), in dem Tom Baker u.a. auf Nico und Valerie Solanas trifft. Nach UDEN EN TRÆVL (1968, R: Annelise Meinecke) ist Dänemark 1969 das erste Land weltweit, das Pornografie legalisiert (in Deutschland ist dies wenig später 1973 der Fall). Dadurch wurde ein Boom ähnlicher Filmproduktionen ausgelöst. Der Filmhistoriker Carl Nørrested gibt in der Zeitschrift *Kosmorama* (die vom Dänischen Filminstitut herausgegeben wird) an, dass zwischen 1970 und 1974 rund ein Drittel der in Dänemark produzierten Filme (soft-)pornografischen Zuschnitts waren.[11] In diese Phase (1970 bis 1976) fällt auch das Erscheinen der insgesamt acht SENGEKANTEN-Filme (R: John Hilbard), (soft-)pornografische Komödien, die dort weitermachen, wo HALLØJ I HIMMELSENGEN mit Thomas Fritsch aufgehört hatte, und alle schwerpunktmäßig an der Bettkante (dän. sengekanten) angesiedelt sind. Ole Søltoft (der zudem in den sechs Filmen ebenfalls softpornographischen ZODIAC-Reihe mitwirkte) spielte in allen Filmen die männliche Hauptrolle, Birte Tove in den ersten fünf. Ähnlich zu der zeitgleich entstehenden und noch etwas erfolgreicheren deutschen SCHULMÄDCHEN-REPORT-Reihe verkörpert Søltoft im Auftaktfilm MAZURKA PÅ SENGEKANTEN einen unbeholfenen Lehrer, der als designierter Schulleiter eine Jungenschule auf Koedukation umstellen möchte, in sexuellen Angelegenheiten aber noch Rat in Ovids *Ars Amatoria* sucht (bereits im HIMMELSENGEN-Film war Latein der weitestmöglich entfernte Kontrapunkt) und erst nach einer Verführung durch die Frau seines Amtsvorgängers zum praktischen Liebhaber wird. Zufällige Begegnungen, erotische Abenteuer und Hindernisse bestimmen das Gesetz dieser Serie, die vielleicht nicht allzu viel für die hermeneutisch interessierte Mehrfachrezeption zu bieten hat und, wie im Genre der Sexkomödie nicht ungewöhnlich, nach Jahrzehnten ästhetisch nur noch bedingt überzeugen kann – doch ist sie dafür als sozialhistorisches Dokument interessant und äußerst aufschlussreich. Denn sie stellt gesellschaftliche Umbrüche in den Fokus und macht Zusammenhänge sichtbar, die in anderen Erzählformaten selten so deutlich geworden sind: die Konfrontation von Generationen und Lebensstilen, die Opposition von Anzug und Krawatte auf der einen, dem ubiquitären Minirock auf der anderen Seite, die populärkulturell codierten Zeichen einer sich zumindest in Teilen selbst ›befreienden‹ Jugend (anders als im SCHULMÄDCHEN-REPORT stets von volljährigen Darstellern und Darstellerinnen verkörpert), die sich damit von

11 Vgl. Carl Nørrested: *Kosmorama* #195, 1991, S. 48.

den Direktiven einer konservativen (Väter- und Eltern-)Generation stückweise emanzipiert.

Die SENGEKANTEN-Filme waren Mainstream-Produktionen, die ihr Publikum begeisterten, im Kino Erfolge feierten und in den großen Tageszeitungen (wenn auch nicht immer euphorisch) besprochen wurden. Vor allem als Exportschlager im konservativeren Norwegen stießen sie auf große Resonanz, führten aber auch zu Auseinandersetzungen über die Potenziale des Films – ob dieser einer zu begrüßenden Liberalisierung vorarbeite oder doch vor allem als Ausdruck eines allgemeinen Kulturverfalls zu begreifen sei, blieb in der Debatte ungeklärt.

Am Ende des Jahrzehnts begann eine TV-Serie, die wie nur wenige andere den Massengeschmack treffen und auch die Kritik für sich einnehmen konnte: MATADOR unter Regie von Erik Balling (sein Name war für mindestens zwei Jahrzehnte synonym mit großem Publikumserfolg) und nach einer Idee von Lise Nørgaard (1917–2023), die bereits einige Drehbücher für die 84 teilige Serie HUSET PÅ CHRISTIANSHAVN (1970–1977) mit Poul Reichardt und Kirsten Walther verfasst hatte (diese Serie, die viele witzige intertextuelle Beziehungen zu den Filmen um die OLSEN-Bande aufmachte, wurde in Teilen als OH, DIESE MIETER! in der DDR ausgestrahlt). Zwischen 1978 und 1982 wurden meist in der Vorweihnachtszeit (Staffel 3 und 4 bis Anfang Januar) 24 Episoden gesendet, die über die Jahre 1929 bis 1947 ein gesellschaftliches Panorama entwerfen, das durch alle Schichten hindurch den vor allem ökonomischen Existenzkampf in Zeiten der Großen Depression, der deutschen Besatzung, des Spanischen Bürgerkriegs und des Zweites Weltkriegs verfolgt. Der Einzelhandelsbetreiber Mads Skjern ist gezwungen, sich wiederholt neu zu erfinden, um gegen die Konkurrenz bestehen zu können, doch auch Angestellte und Arbeiter, Schweinebauern, Künstler, Lehrerinnen und Ärzte gehören zum Figurenarsenal, das eine Gesellschaft so abzubilden vermochte, dass sich die Menschen in Dänemark (trotz der historischen Distanz von rund 50 Jahren) darin wiedererkannten. Das breite Identifikationspotential war mit einer der Gründe für die Beliebtheit der Serie, die sich auch an der steigenden Spielzeit ablesen lässt (hatte die Pilotfolge nur 45 Minuten, kamen einige spätere Episoden auf Spielfilmlänge bis zu 86 Minuten). Sie sollte viel zum kollektiven dänischen Selbstverständnis beitragen, wie es nur wenigen Serien gelingt.

6 Internationale Erfolge und neue Wege in den 1980er Jahren

Die 1980er Jahre wurden, zur Überraschung vieler, ein großes Jahrzehnt des dänischen Films. Besonders zwei Filme erfuhren weltweit große Aufmerksamkeit und brachten Dänemark einem Weltpublikum zurück ins Bewusstsein. Mochten BABETTES FEST und PELLE EROBRERNE die internationale Wahrnehmung bestimmen, hatte Nils Malmros' (*1944) in Dänemark bereits mit KUNDSKABENS TRÆ (BAUM DER ERKENNTNIS) von 1981 für Aufsehen gesorgt (im gleichen Jahr erschien auch Søren Kragh-Jacobsens GUMMI-TARZAN nach Ole Lund Kirkegaards gleichnamigem Kinderbuch über einen schwächlichen und gemobbten Jungen). Wie auch in seinen früheren Filmen (LARS OLE, 5C und DRENGE) geht es um Adoleszenzthematiken (Freundschaft, Mobbing, Scheitern an den Erwartungen der Eltern und enttäuschte Liebe), die Malmros stets mit dem richtigen Gespür für die Lebensgefühle junger Menschen aus ihren Perspektiven zur Darstellung bringt, ohne jedoch Kinderfilme im engeren Sinne zu produzieren. Für Line Arlien-Søborg, die bereits in KUNDSKABENS TRÆ mitgespielt hatte, schrieb Malmros die Hauptrolle von SKØNHEDEN OG UDYRET (DIE SCHÖNE UND DAS BIEST, 1983). Hier wird die altbekannte Spannung von »Die Schöne und das Biest« als eine *Coming of age*-Geschichte mit starkem Generationenkonflikt zwischen einer Tochter und ihrem sie ausspionierendem Vater einmal nicht als Liebesgeschichte erzählt. Überhaupt war Adoleszenz *das* Thema des dänischen Films in den 1980er Jahren, prominent behandelt von dem späteren *Dogma-95*-Regisseur Søren Kragh-Jacobsen (ISFUGLE, dt.

SCHREI DES DORNENVOGELS, 1983), Linda Wendel (BALLERUP BOULEVARD, 1986; LYKKEN ER EN UNDERLIG FISK, 1989), Jon Bang Carlsen (OFELIA KOMMER TIL BYEN, 1985, in dem eine schulische Theatergruppe Shakespeares *Hamlet* aufführen soll) und Astrid Henning-Jensen (BARNDOMMENS GADE, international EARLY SPRING, 1986).

Bei Malmros stand immer wieder seine Heimatstadt Århus im Fokus (ÅRHUS BY NIGHT, 1989). Malmros war Mitte der 1980er Jahre eine etablierte, vielfach ausgezeichnete Größe in Dänemark, fand aber trotz positiver Kritiken international erstaunlich wenig Beachtung. Kaum einer seiner Filme ist außerhalb Dänemarks erhältlich, auch wenn sie mitunter synchronisiert wurden (das ZDF zeigte BAUM DER ERKENNTNIS 1986), existieren keine internationalen DVD-Editionen oder Streaming-Angebote. Malmros gehört in Dänemark zum offiziellen Kanon, im Kontext des *World Cinema* dennoch zu den großen Unbekannten.

Wie groß die Unterschiede hingegen sein können, die sich Zufällen verdanken, wird am Beispiel von Gabriel Axel (1918–2014) deutlich. Axel war schon seit den 1950er Jahren als Regisseur für Kino und Fernsehen aktiv (mit kleineren Aufmerksamkeitserfolgen im Ausland, bei der Berlinale etwa), seinen eigentlichen Durchbruch erfuhr er erst 1987 als fast Siebzigjähriger mit BABETTES GÆSTEBUD (BABETTES FEST). Diese Literaturverfilmung, die auf eine Erzählung von Karen Blixen (auch Tania Blixen oder Isak Dinesen) zurückgeht, wurde 1988 als bester fremdsprachiger Film mit einem Academy Award ausgezeichnet.

BABETTES FEST führt in ein Milieu, das seit Carl Theodor Dreyers ORDET (und natürlich auch anderen Filmen) geradezu topisch ist: das der protestantischen (in diesem Fall pietistischen) Landbevölkerung des 19. Jahrhunderts, in dessen fromme Ereignislosigkeit die Exilantin Babette (Stéphane Audran) hineinkommt, die vor den Gewaltexzessen der Niederschlagung der Pariser Commune geflohen ist. Höhepunkt des Films ist ein Festessen (oder Gastmahl, die Antikenbezüge sind dann deutlicher, was wiederum den Kontrast besonders offen herausstellt). Babette richtet es anlässlich des 100. Geburtstags des verstorbenen Pfarrers aus und investiert

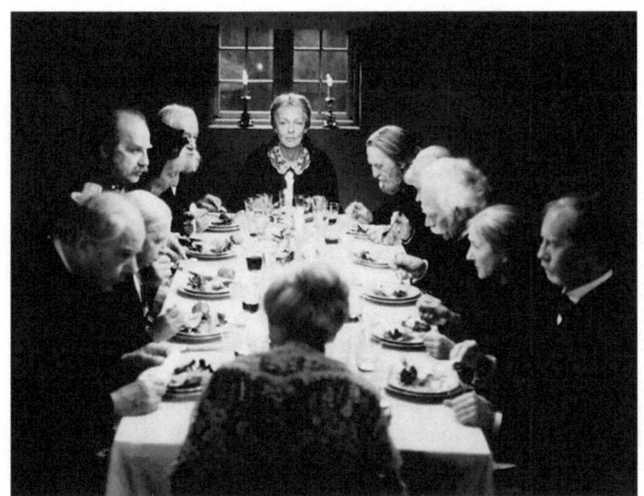

BABETTES GÆSTEBUD

einen Lotteriegewinn, der ihre Rückkehr nach Paris ermöglicht hätte, um eine Menüfolge mit erlesensten Gerichten und Zutaten servieren zu können (sie war Küchenchefin eines Nobelrestaurants). Genuss, Trunkenheit und Freude halten damit Einzug in das ansonsten so karge und lustfeindliche Leben der pietistischen Familie. Die Bedeutung des Festmahls basiert auf allseitiger Wertschätzung, denn alle begreifen, welche Opfer und welche Dienste an ihren Nächsten dieses einmalige Ereignis ermöglicht haben. Formen der Wertschätzung und des Genusses, die auch Papst Franziskus begeisterten, der Axels Film in seinem Lehrschreiben *Amoris laetitia* (2016) beispielhaft erwähnte (das erste Mal, dass ein Papst einen Film derart zum Vorbild erklärte).

Im Windschatten dieser Tragikomödien und historisierenden Literaturverfilmungen entstanden experimentelle bis avantgardistische Filme, die unter anderem von Jørgen Leth und Jytte Rex (BELLADONNA, 1981) als eine subkutan äußerst wirkungsreiche Kunstform entwickelt wurden. Besonders Leths Filmschaffen stieß auf große Begeisterung bei einem jungen Filmstudenten, der paradigmatische Bedeutung für den dänischen Film annehmen sollte und zu einem Aushängeschild des dänischen Films (und Dänemarks) wurde wie kaum ein Filmschaffender vor ihm: Lars von Trier, der Leth (*1937) wiederholt als einen seiner Lieblingsregisseure nannte (und später bei DE FEM BENSPÆND/THE FIVE OBSTRUCTIONS, 2003, mit diesem zusammenarbeiten sollte). Von Triers Anfänge als Filmemacher fielen in die frühen 1980er Jahre. An der Filmhochschule entstand 1982 sein Abschlussfilm BEFRIELSESBILLEDER (BILDER DER BEFREIUNG) über die Täter des Zweiten Weltkriegs, die zu Geschlagenen und Besiegten geworden sind; ein Film, der zwischen einem Spielfilm- und einem Dokumentarfilmteil hin- und herwechselt und immer wieder von zwitschernden Vögeln unterbrochen wird, um Distanz zu erzeugen und den ewigen Gleichlauf der Natur in Kontrast zu den menschlichen Verwirrungen zu stellen. Die Verflechtungen von deutschen Untaten und jüdischen Schicksalen, die sich in späteren Filmen wiederholen, sind auch in Lars von Triers Biografie angelegt. Er glaubte bis zu seinem 33. Lebensjahr, Sohn eines Juden zu sein, doch Ulf Trier, dessen Namen er trug, war nicht sein leiblicher Vater, sondern der nicht-jüdische, deutschstämmige Fritz Michael Hartmann, wie seine Mutter ihm gegenüber kurz vor ihrem Tod bekannte.

Sein zweiter Langfilm FORBRYDELSENS ELEMENT/THE ELEMENT OF CRIME (1984), der fast ausschließlich unter seinem englischen Titel bekannt ist, begründete die erste von mehreren Trilogien, die *Europa*-Trilogie. In surrealen Bildern, in denen die gesuchte Nähe zu Andrei Tarkowski spürbar wird, erkundet der Film deutsche Kleinstädte in der Nachkriegszeit, in deren Dauerregen und Dunkelheit der Ermittler Fisher einen Serienmörder überführen soll. Erzählt wird dies von einer zweiten Ebene aus: Der an Amnesie leidende Fisher rekonstruiert unter Hypnose die Geschehnisse, in denen sich sein eigener Mentor, Autor des Buches »Element of Crime« (nach dem sich die deutschsprachige Band benannte), als Fortsetzungstäter eines früheren Serienkillers herausstellt. Es folgte der experimentelle, mit geringem Budget produzierte EPIDEMIC (1987), eine metapoetische Reflexion über das Filmemachen, in der die Filmemacher Lars und Niels

(Lars von Trier und Niels Vørsel, der hier ebenso wie bei ELEMENT OF CRIME am Drehbuch mitarbeitete), die einen Vorschuss vom DFI erhalten haben, ein gemeinsames Projekt entwickeln. Das ursprüngliche Drehbuch, mit dem sie ohnehin unzufrieden waren, geht verloren, sodass sie unter großem Zeitdruck eine neue Idee benötigen. Es soll um den Ausbruch einer Epidemie gehen, wofür sie in der Bibliothek über mittelalterliche Pestepidemien und ihre Anzeichen (vor allem den sogenannten »Rattenkönig«) recherchieren, die bald darauf auch in ihrer Realität auftauchen. Sie besuchen den sich selbst spielenden Udo Kier, der hier erstmals in einem Trier-Film in Erscheinung tritt, er wirkte später an BREAKING THE WAVES, DANCER IN THE DARK, DOGVILLE, MELANCHOLIA und NYMPHOMANIAC mit. Er berichtet von den Bombennachtserzählungen seiner verstorbenen Mutter, was ebenfalls Eingang in den Film finden müsse. Lars soll als Dr. Mesmer (dessen Name an den scharlatanerieverdächtigen Franz Anton M. erinnert) agieren und vor der Epidemie warnen, aber durch eigenes Verschulden ihre Ausbreitung befördern. Bevor dieser Film aber angegangen werden kann, bricht auf der extradiegetischen Ebene eine epidemische Krankheit aus – während sie ihrem Produzenten das Drehbuch vorstellen, stirbt eine Frau, die Zeichen der Beulenpest trägt, und auch Niels zeigt Symptome derselben Krankheit, womit der Film endet (und der ›eigentliche‹ Epidemie-Film nicht mehr realisiert wird). Der letzte Teil der Trilogie, der namensgebende EUROPA (1991), zeichnet kaum positivere Bilder (am Drehbuch war abermals Niels Vørsel beteiligt). Er erzählt vom jungen Leopold Kessler (Jean-Marc Barr), der im Jahr 1945 das zerstörte Deutschland durchreist; eigentlich will er beim Wiederaufbau helfen, aber er verstrickt sich unrettbar in Schuld und Verbrechen der Nazis. Er heuert beim Eisenbahnunternehmen Zentropa an, wird Zeuge der letzten Widerstandshandlungen deutscher Partisanen, sogenannter »Werwölfe«, und lernt Katharina Hartmann (Barbara Sukowa), die Tochter des Zentropa-Chefs (Udo Kier), kennen, in die er sich unglücklicherweise verliebt. Hartmann ist als Kriegs- und Shoah-Profiteur schuldig geworden, hat sich durch einen gekauften jüdischen Zeugen (dessen Rolle Lars von Trier selbst übernahm) entlasten lassen, begeht aber dennoch Suizid. Seine Tochter steht ihrem Vater nicht nach, sie agiert als Mitglied einer »Werwolfs«-Einheit, die Kessler durch eine fingierte Entführung Katharinas dazu bringen will, einen Zug in die Luft zu jagen. Er durchschaut zwar Plan und Fingierung, führt das Attentat aber aus Hass auf den Ungeist der Deutschen trotzdem aus. Angesichts der Opfer muss er erkennen, dass er moralisch ähnlich verwerflich gehandelt hat, und stürzt sich zu Tode. Alle drei Filme stellen auf ihre Weise eine schreckenerregende Auseinandersetzung mit einem Europa dar, das in Vergangenheit, Gegenwart und Zukunft als Ort der Verdammnis erscheint (nicht zuletzt, weil sein Zentrum in Deutschland zu liegen scheint). Lars von Trier erarbeitet damit eine Pathologie, die, egal wohin sie schaut, in den äußeren Symptomen wie den inneren Ursachen stets eine Krankheit zum Tode erblickt, die keinen auch nur entfernten Hoffnungsschimmer zulässt.

Doch auch jenseits des Atlantiks sieht es kaum besser aus, wie die bislang zwei erschienenen Teile der sogenannten USA-Trilogie zeigen (es ließe sich einschränkend bemerken, dass die Filme ohnehin in verschiedenen europäischen Ländern gedreht wurden und eigentlich eine zweite EUROPA-Trilogie darstellen – denn die USA, die Trier aufgrund seiner Flugangst nie besucht hat, geben die Filme nur zu zeigen vor). Am Beispiel der Hauptfigur Grace Margaret Mulligan (zunächst von Nicole Kidman, dann von Bryce Dallas Howard gespielt) führt Lars von Trier eine ländliche Gemeinschaft im Amerika der späten 1920er und frühen 1930er Jahre vor. In DOGVILLE (2003), der stark von Bertolt Brechts *Dreigroschenoper* inspiriert ist, wird der Horror einer kaum weniger verlogenen Gesellschaft gezeigt, gegründet auf Gewalt, Rassismus und Frauenhass, die jederzeit manifest werden können. Trotz extremer Gewalterfahrungen von Grace in DOGVILLE setzt sie in MANDERLAY (2005), nach anfänglichen Widerständen gegen das Fortleben der Sklaverei, das brutale koloniale Erbe als Plantagenbesitzerin fort. Es geht, wie schon in den EUROPA-Filmen, um die unausweichliche Schwäche der Menschen, die sie zu willkürlich agierenden, immer zur Gewalt neigenden Monstern werden lässt. Dass dies ohne

Aussicht auf Alternativen oder Besserung geschieht, verrät die äußerst negative Anthropologie Lars von Triers, der humanistischen Ideen und der Vorstellung sozialen Fortschritts grundsätzlich misstraut. Ob dies in dem bislang nicht realisierten dritten Teil WASHINGTON anders wird, ist zwar offen, aber unwahrscheinlich.

Die bisher genannten Filme Lars von Triers können (was auch hin und wieder getan wurde) als dämonisch bezeichnet werden, als Abbilder einer Welt, die nicht von einem fürsorglichen Gott, sondern von einem wahlweise unfähigen oder böswilligen Demiurgen geschaffen wurde. Die eigensinnige, von vielen wiederkehrenden Motiven geprägte Ästhetik, die sich ausdrücklich auf große Vorbilder (Ingmar Bergman, Carl Theodor Dreyer und Andrei Tarkovski) bezieht, trägt ihren Teil dazu bei, dass diese Filme beeindruckende, aber auch nachhaltig irritierende Erfahrungen ermöglichen. Trier entfaltet tendenziell große Themen in epischer Breite, bietet aber keinerlei Trost an, sondern zeigt Film für Film die Verkommenheit der Spezies Mensch. Einen Kontrapunkt – zumindest in ästhetischer Hinsicht – setzte Trier mit einem Manifest, mit dem er sich und viele weitere Filmschaffende, die sich ebenfalls diesen Grundsätzen verschrieben, zu einem sparsamen Minimalismus verpflichten sollte: dem *Dogme 95*.

7 Im Zeichen des *Dogme 95*: Die 1990er und frühen 2000er Jahre

Die Wahrnehmung des dänischen Films der 1990er Jahre steht stark im Zeichen einer Chiffre: *Dogme 95* (dt. *Dogma 95*). Dabei handelt es sich um einen programmatischen Selbstentwurf in der Tradition avantgardistischer Bewegungen des frühen 20. Jahrhunderts, die sich und ihr Kunstschaffen in Manifesten beschrieben, sich als Gruppierungen konstituiert und ästhetisch auf konkrete Produktionsweisen festgelegt haben. Auch die Vertreter der *Nouvelle Vague* im

Frankreich der 1950er und 1960er Jahre hatten ihr Programm in ähnlicher Weise manifestiert (z.B. François Truffaut). *Dogma 95* ist somit nicht radikal neu, aber radikal anders. Es begann mit einer Einladung Lars von Triers nach Paris, wo er über das Kino der Zukunft sprechen sollte. Er lud Thomas Vinterberg dazu ein, für diese Gelegenheit ein Manifest vorzubereiten, das die beiden am 13. März 1995 unterzeichneten. Eine Woche darauf, bei einer Konferenz im Pariser Odeon-Theater, die anlässlich des 100. »Geburtstags« des Mediums Film stattfand, wurde das Manifest vorgestellt. Auch Søren Kragh-Jacobsen (*1947) und Kristian Levring (*1957) unterzeichneten.

Dogme 95 beschreibt eine Ausrichtung auf Authentizität und Gegenwärtigkeit, die vieles verbietet, was zum Standard (nicht nur der Mainstream-Filmproduktion, sondern auch zu Lars von Triers früheren Filmen) gehörte. Die zehn kurzen Regeln des Manifests titulierten Trier und Vinterberg daher als Keuschheitsgelübde (»kyskhedsløfter«). Das *Dogma* legte fest, dass nur an Originalschauplätzen ohne Requisiten gedreht und Musik nur auf Ebene der Diegese eingesetzt (nicht nachträglich eingespielt) werden dürfe, gefilmt werden solle nur mit Handkameras auf 35-mm-Film ohne künstliche Beleuchtung. Stunts, Spezialeffekte und Filter werden vollkommen ausgeschlossen, auch eine zeitliche oder lokale Verfremdung sollte nicht vorgenommen werden, was Historienfilme kategorisch und auch andere Genre-Filme ausschließt. Obwohl die Namen der regieführenden Personen nicht genannt werden sollten, war doch stets klar, wer für einen Film verantwortlich gewesen ist. Damit stehen viele *Dogma*-Filme in einer seltsamen Spannung von Anspruch und Realisierung, denn warum stellt man Regeln (und damit Ideale eines alternativen Filmemachens) auf, um diese sogleich zu unterlaufen? Eine ähnlich widersprüchliche Konstellation entsteht durch die Rückkehr der *Dogma*-Filmschaffenden zum Autorenfilm und gleichzeitige Abkehr von ihm. Obwohl sie die wesentlichen Aspekte der Filmproduktion in der Hand eines Autors oder einer Autorin bündeln (Thomas Vinterberg ist bei FESTEN für Regie und Drehbuch verantwortlich, Lars von Trier bei IDIOTERNE für Regie, Drehbuch und Kamera, Lone

Scherfig bei ITALIENSK FOR BEGYNDERE für Regie und Drehbuch), wird diese Rolle im Manifest explizit zurückgewiesen. Das Autor-Konzept sei von Beginn an »bürgerliche Romantik« gewesen und deshalb falsch. Dass an die Stelle von Autor/Autorin ein nicht-mehr-bürgerliches Kollektiv oder mehrere, kollaborativ verbundene und gleichberechtigte Personen getreten wären, lässt sich für die dänischen *Dogma*-Filme indessen nicht bestätigen.

Von Publikum wie Kritik wurde das Regelwerk aber bereitwillig aufgenommen, bot es doch einen geeigneten Maßstab, um die Filme an ihrem theoretischen Ideal zu messen (dem diese wohlgemerkt nur selten vollständig entsprechen sollten) und sich über Abweichungen wie Inkonsistenzen zu wundern und zu lamentieren. Es sollte drei Jahre dauern, ehe die ersten beiden *Dogma*-Filme erschienen. Lars von Trier arbeitete zunächst an BREAKING THE WAVES (1996, auf Englisch mit Emily Watson und Stellan Skarsgård), Thomas Vinterberg an dem Roadmovie DE STØRSTE HELTE von 1996 (dt. ZWEI HELDEN, eigentlich »Die größten Helden«), in dem er bereits mit Thomas Bo Larsen, Ulrich Thomsen, Paprika Steen und Bjarne Henriksen drehte, die zum Cast von FESTEN (DAS FEST) gehören, dem allerersten *Dogma*-Film, der 1998 erschien.

FESTEN führt auf eindringliche Weise den Zerfall einer Familie vor. Es scheint ein pompöses Fest zum 60. Geburtstag des Protagonisten Helge zu werden, doch wie in wenigen Stunden erzählter Zeit (vom Nachmittag bis zum nächsten Morgen) deutlich wird, ist die Familie bereits zerstört, der Auseinanderfall wird nur erst jetzt sichtbar. Denn Tochter Linda hat sich, wie ein zufällig gefundener Brief verrät, das Leben genommen, weil sie (wie ihr Bruder Christian) vom Vater sexuell missbraucht wurde und sich vor dem Wiedersehen und den möglichen Folgen fürchtete. Rassismus, Alkoholismus und Klassismus (der besonders im Umgang der wohlhabenden großbürgerlichen Familie mit dem Personal deutlich wird) bilden eine unheilvolle Kombination, die ausweglos ins Verderben führt. Vinterbergs Film greift zahlreiche Themen, Motive und Konstellationen auf, die im Drama der Jahrhundertwende bei Henrik Ibsen, Gerhart Hauptmann

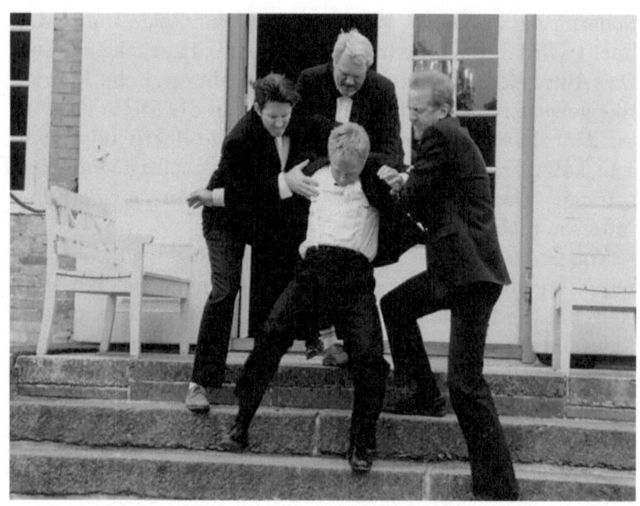

FESTEN und August Strindberg prominent verarbeitet worden sind, um den Niedergang bürgerlicher (Groß-)Familien und patriarchaler Vorherrschaft aufzuzeigen. Den Naturalismus hat Vinterberg also nicht nur zum (von der Kritik häufig gelobten) Stilprinzip seines Films erhoben, er bezieht sich auch in der Wahl seiner Sujets auf jene literarischen Vorbilder, die diesen Stil (mit-)geprägt haben. Es ist daher nur folgerichtig, dass Vinterbergs FEST für die Theaterbühne adaptiert wurde, allein im deutschsprachigen Raum wurde es an über zwanzig Orten aufgeführt. Vinterberg selbst inszenierte 2010 den Nachfolger zu FESTEN, *Das Begräbnis*, am Wiener Burgtheater – als Theaterstück, das noch auf seine Verfilmung wartet.

Es wurde zurecht betont, dass *Dogma* eine Art puritanischer Geist innewohnt und das Projekt ähnlich wie die Reformation, die die Kirche zu »reinigen« beanspruchte, den Film auf das Wesentliche zurückzubringen versuche. Nicht die Überwältigung durch den Prunk (in diesem Fall: Spezialeffekte, virtuose Schnitte oder opulente Soundtracks) und die ritualisierte Liturgie (im diesem Fall: der routinisierten Plots und Spannungskurven), sondern die Unmittelbarkeit sollten diese Filme direkt auf die Zuschauer wirken lassen und ihre Auseinandersetzung mit dem Dargebotenen befördern. Dem entspricht auch die Vorgabe, keine nicht-diegetische Musik (also nachträglich eingespielte Sound-Schichten) zu verwenden, sondern Kamera und Mikrofon stets mit in der Szene zu platzieren und nicht außerhalb der Darstellung: *Dogma* verpflichtet sich damit auf eine homodiegetische Erzählweise, unter deren Bedingungen auch die *low-fi*-Ästhetik kein reiner Selbstzweck ist (als lediglich markante Abweichung zum Standard hochauflösender Bilder), sondern Mittel zur Erzeugung von Nähe. Jener beklemmenden Nähe, die den Eindruck erweckt, als wäre man dabei, sich ganz ähnliche Familienaufnahmen anzusehen, die in den 1990er Jahren mit vergleichbarem Equipment auf jeder größeren Familienfeier entstanden, um die obligatorischen Erinnerungen festzuhalten. Auch vielen späteren *Dogma*-Filmen sollte daher ein gewisses voyeuristisches Moment innewohnen. Dies ist auch der Fall bei Lars von Triers erstem *Dogma*-Film IDIOTERNE (dt. IDIOTEN), der im selben Jahr wie FESTEN (1998) erscheint, wobei schnell deutlich wird, dass dieser von der Selbstverpflichtung des »Keuschheitsgelübdes« abweicht, indem er (anders als Vinterberg, der seinen ganzen Film in Schloss Skjoldenæsholm drehte) die Schauplätze wechselt. Besondere Spontanität und Ursprünglichkeit wurden auch dadurch erreicht, dass das Drehbuch innerhalb von nur vier Tagen verfasst und direkt, ohne gegengelesen zu werden, sofort für die Produktion verwendet wurde. IDIOTEN erzählt, wie die von Bodil Jørgensen verkörperte Karen auf eine Gruppe stößt, die scheinbar aus Behinderten und ihren Betreuern besteht. Wie sich bald herausstellt, simulieren diese aber nur und spielen vorübergehend »Idioten«, um zu provozieren und ihrer Mitwelt einen Spiegel vorzuhalten, indem sie ihren »inneren Idioten«, der in jedem Menschen stecke, Ausdruck verleihen. Die von u. a. Jens Albinus, Troels Lyby und Anne Louise Hassing (die 2012 wiederum in Thomas Vinterbergs JAGTEN zu sehen ist) gespielte Truppe erlebt mit Karen verschiedene Alltagssituationen, wird in ihre Machenschaften (Leistungserschleichung und Justizbetrug) einbezogen wie auch in eine Gruppensexszene. Ob das Spiel im Spiel wirklich den »Menschen der Zukunft« zum Vorschein bringe, wie die Figuren behaupten, bleibt fragwürdig. Denn das große Glück, das Karen in der »besten Zeit ihres Lebens« erfährt, basiert auf zahlreichen kollektiv geteilten Lügen. Am Ende herrscht Schweigen (der Hallraum dieses Zitats reicht von Shakespeares *Hamlet* bis zu Ingmar Bergmans TYSTNADEN/DAS SCHWEIGEN, der ebenfalls mit einer Kopulationsszene provoziert hatte), das die ›Liebe‹ übertönt: »elsker alle«/»liebe alle« sind die letzten gesprochene Worte Karens.

IDIOTERNE war für Publikum wie Kritik ein Ärgernis und wurde von Beginn an (und bis heute) kontrovers diskutiert. Zahlreiche Verrisse qualifizierten den Film als trivial, klischeebeladen – dass die ›Normalen‹ die eigentlichen ›Idioten‹ wären et vice versa – und überdies vollkommen unsensibel für die Lage tatsächlich behinderter Menschen und ihre häufig eingeschränkten Möglichkeiten zu gesellschaftlicher Partizipation.

Eine andere Rahmung bekommt IDIOTERNE dadurch, dass er als zweiter Teil zur *Golden-Heart*-Trilogie gezählt wird. Nach dem ersten Teil BREAKING THE WAVES (1996) und vor dem drittem Teil DANCER IN THE DARK (2000, mit Björk in der Hauptrolle, die auch den Soundtrack komponierte) ist IDIOTERNE der einzige, der vergleichsweise gut ausgeht – das vieldeutige Schweigen lässt zumindest alle möglichen Optionen offen. Die Kontraste in ästhetischer wie inhaltlicher Hinsicht sind allerdings groß. BREAKING THE WAVES ist in seiner Anlage stark religiös inspiriert, der Film erzählt von der streng calvinistisch geprägten und deshalb naiv-weltfremden Bess (Emily Watson), die einen Mann außerhalb ihrer Gemeinde heiratet und sich schuldig an dessen schwerem Arbeitsunfall fühlt, weil sie Gott um seine rasche Heimkehr gebeten hat. In Folge der Lähmung ihres Mannes und seiner halluzinativen Forderungen wird sie zur Prostituierten und von Seemännern schwer misshandelt, woran sie letztlich stirbt. Mit diesem Auftakt zur *Golden-Heart*-Trilogie, mit der von Trier die Geschichte vom Mädchen mit dem »Goldenen Herzen« (nach Ellen Reumerts Kinderbuch *Guldhjertet* von 1930) in drei verschiedenen Versionen adaptiert, wird die gleiche Ausweglosigkeit entworfen, die auch DANCER IN THE DARK bestimmt.

Dieser dritte Teil – in dem neben Björk als Selma u.a. Stellan Skarsgård, Paprika Steen, Jean-Marc Barr, Udo Kier und Catherine Deneuve zu sehen sind – verlagert den Konflikt in die USA der 1960er Jahre. Der erblindenden Selma wird von einem hochverschuldeten Polizisten das Geld für die Augenoperation ihres Sohnes entwendet, das sie zurückfordert und in eine Rangelei mit dem Dieb gerät, bei der dieser durch einen sich lösenden Schuss schwer verwundet wird. Selma gibt auf seinen Wunsch hin noch mehrere Schüsse auf den Polizisten ab, eine Tat, für die sie als Mörderin zum Tode verurteilt und hingerichtet wird (auch weil sie kein Geld für einen Anwalt ausgeben möchte, das für die OP benötigt wird). Gesundheit oder Gerechtigkeit, beides ist in dieser trostlosen Welt (die anders, als Selma es sich erträumt, kein Musical ist) nicht zu bekommen. Bess, Karen und Selma entsprechen dem gleichen Typus des »Goldherzen«, die Lars von Trier stets als naive, grundgutmütige Frauenfiguren entwirft, die an der Schlechtigkeit der Welt und ihrer (vor allem männlichen) Mitmenschen leiden. Zwei der drei Goldherzen müssen sterben, nur der dem *Dogma* verpflichtete IDIOTEN macht eine Ausnahme. Dies ist vor allem der Offenheit geschuldet, die ein realistische(re)s Erzählen und scheinbar unverblümtes *Zeigen* mit sich bringt.

Diese Art Offenheit, die kein Ende findet, sondern sich auf Ausschnitte aus dem Leben der Figuren beschränkt, trägt auch in der Nachfolge dazu bei, dass *Dogma*-Filme häufig ethisch schwierig zu fassen und zu beurteilen sind, weil sich ihre grenzüberschreitende Provokationswirkung auch aus der unklaren Positionierung der Erzählinstanz ergibt. Insbesondere bei Lars von Trier gehört es zum Inszenierungsprinzip, sich und seinen Filmen durch Kommentare und Interviewaussagen ironische Brechungen zu verleihen – oder maximale Provokation um des bloßen Spektakels willen zu äußern (wie 2011 bei den Filmfestspielen in Cannes, als Trier sich als »Nazi« bezeichnete).

Dogma-Filme leben von den Kontrasten zu Mainstream-Produktionen, an denen das Auge und die Filmwahrnehmung der meisten Menschen geschult sind. Die Differenz macht deutlich, wieviel künstliche, zum Teil nachträgliche

Elemente in vielen Filmen vorhanden sind, ohne dass dies bei der Rezeption auffällt, weil es eben den Wahrnehmungsgewohnheiten entspricht und zur Normalität gehört. *Dogma 95* ist auch eine Idee, die die Tendenz zu immer größeren Budgets von Filmproduktion unterläuft. Durch den Verzicht auf viele Stilmittel werden Kosten vermieden, was wiederum auch Projekte ermöglicht, denen für eine konventionelle Filmproduktion schlichtweg die finanziellen Mittel fehlen würden.

In den 1990er Jahren gründete Lars von Trier aus dem Geist der *Dogma-95*-Idee (auch als Widerstand gegen den großen Einfluss des Danske Filminstitut, das seine frühen Projekte nicht in der von ihm gewünschte Weise unterstützt hatte, weil sie keine »typisch dänischen« Filme darstellten) seine eigene Produktionsfirma Zentropa (nach dem gleichnamigen Eisenbahnunternehmen aus EUROPA), die rasch zur größten privaten Filmproduktionsfirma in Dänemark mit hunderten Angestellten geworden ist. Mit Zentropa produzierte von Trier IDIOTEN, später unter anderem auch Lone Scherfig ITALIENSK FOR BEGYNDERE und Susanne Biers ELSKER DIG FOR EVIGT. Des Weiteren gehören auch einige Hardcore-Pornos zum Portfolio der Firma, die wiederum – und dies ist primär dem Namen und der Reputation Lars von Triers zu verdanken – mitverantwortlich für die Legalisierung von Pornografie in Norwegen im Jahr 2006 gewesen sind.

Die ebenso akademische wie nerdige Seite von *Dogma* kam auch darin zum Ausdruck, dass die Filme auf einer Homepage offiziell registriert und durchnummeriert wurden. Dieses »*Dogma*-Sekretariat« bestand bis 2002, die Idee wurde 2005 von den vier Unterzeichnern offiziell aufgegeben (und die *Dogma*-Bezeichnung damit freigestellt). Wie viele *Dogma*-Filme es insgesamt gibt, ist daher schwierig zu beantworten – von 7 über 35 bis 212 reichen die Zurechnungen. Darunter waren, unabhängig von der genauen Zahl, auch einige dänische Produktionen (Søren Kragh-Jacobsen besorgte mit MIFUNES SIDSTE SANG 1998/99 *Dogme #3* und Kristian Levring verlegte als *Dogme #4* im Jahr 2000 mit THE KING IS ALIVE Shakespeares *King Lear* in die Wüste Namibias), aber die Mehrzahl der Filme, die dem *Dogma* verpflichtet waren, entstand außerhalb Dänemarks. In fast allen Teilen der Welt wurde das Manifest aufgegriffen und produktiv auf die vorhandenen Mittel und Traditionen angewendet: *Dogme #7*, INTERVIEW (2000) von Daniel H. Byun entstand in Korea, *Dogme #8*, FUCKLAND (2000) von Jose Luis Marques in Argentinien, *Dogme #39* EL ULTIMO LECTOR von Sergio Marroquin in Mexico.

Das Manifest wurde trotz kritischer Einwände zur Erfolgsgeschichte: FESTEN und IDIOTERNE wurden beide zum Teil des offiziellen nationalen Kanons erklärt, und 2008 wurde die *Dogma*-Bewegung mit dem Europäischen Filmpreis in der Kategorie »Beste europäische Leistung im Weltkino« ausgezeichnet. Ob *Dogma* nun Spaß, ein großer Bluff, ein ernsthaftes Unterfangen oder eine Mischung aus all dem gewesen ist – als Aufmerksamkeitsmagnet hat es bestens funktioniert.

Auch wenn am Anfang ausschließlich Männer stehen und in der Reihe der Preisträger auftauchen, ist *Dogma* (wie insgesamt der dänische Film der später 1990er und frühen 2000er Jahre) auch maßgeblich von zwei Frauen mitgestaltet worden: Susanne Bier und Lone Scherfig.

Lone Scherfig (*1959) hat zu Beginn ihrer Karriere ebenfalls nach den Grundsätzen des *Dogmas* gearbeitet. ITALIENSK FOR BEGYNDERE (ITALIENISCH FÜR ANFÄNGER, 2000, Dogme #12) ist ihr Beitrag zum Programm, bei dem sie Regie führte und das Drehbuch schrieb. Er gilt nicht nur als einer der bedeutendsten *Dogma*-Filme, er wurde auch als eine innovative Neubelebung der rasch abgenutzt wirkenden Methoden empfunden. Der Film erzählt von zunächst einer Reihe vereinzelter Personen, die am Leben zu scheitern scheinen, doch anders als in so vielen der hier referierten Filme besiegeln die Todesfälle, Zwänge und Enttäuschungen kein unentrinnbares Schicksal, sondern münden in eine tröstliche Alltagsutopie: Die Einsamen finden in einem Italienisch-Kurs für Anfänger zusammen, gehen neue Bindungen ein und reisen am Ende gemeinsam nach Venedig. Was sich als Lob der Volkshochschule verstehen lässt, zielt auf die simple Erkenntnis, dass menschliches Miteinander (es muss nicht immer ein Sprachkurs sein) Entfremdung, Isolation und

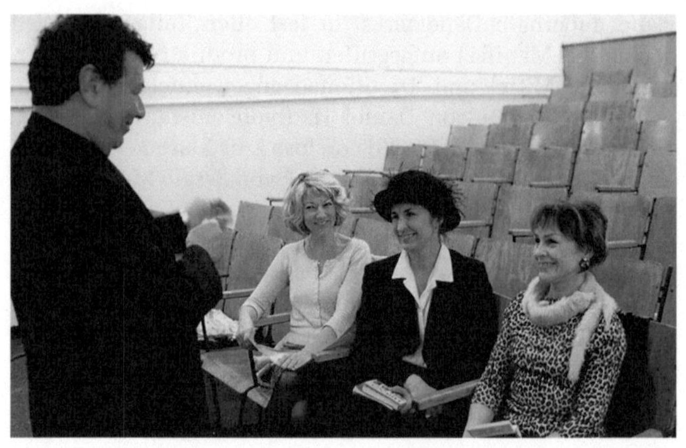

ITALIENSK FOR BEGYNDERE

Tristesse überwinden oder auch verhindern können. Der lose auf Maeve Binchys Roman *Evening Class* (1996, auf Deutsch als *Die irische Signora*) basierende Film wurde von der Kritik hochgelobt, er gewann unter anderem 2001 bei der Berlinale den Silbernen Bären (Preis der Jury). Scherfigs ITALIENISCH FÜR ANFÄNGER ist ein wohltuender Gegenentwurf zu vielen tragisch-fatalistischen Filmen, der die Bewältigung (nicht nur, aber auch ethisch) schwieriger Lebenssituationen in den Fokus stellt. Scherfig ist seitdem mit einer Reihe sehenswerter, ebenfalls hochgelobter Tragikomödien in Erscheinung getreten, von denen die meisten außerhalb Dänemarks produziert wurden, u.a. ONE DAY (2011, mit Anne Hathaway), THE KINDNESS OF STRANGERS (2019), der mit seiner Darstellung von »Freundlichkeit« gewisse Ähnlichkeiten zu ITALIENISCH FÜR ANFÄNGER besitzt, und zuletzt LA CONTADORA DE PELÍCULAS (2023).

Susanne Bier (*1960) trat nach dem Besuch der *Filmskole* zunächst mit kleineren Arbeiten wie Musikvideos und Werbespots in Erscheinung. Nach ersten Spielfilmen gelang ihr der Durchbruch in Dänemark mit DEN ENESTE ENE (1999, DER EINZIG RICHTIGE), einer Komödie um die Irrungen und Wirrungen zweier befreundeter Paare, die sich letztlich gegenseitig ihren jeweiligen Kinderwunsch erfüllen. Im Anschluss daran drehte sie zwei *Dogma*-Filme: ELSKER DIG FOR EVIGT (FÜR IMMER UND EWIG, international als OPEN HEARTS, 2002, Dogme #28), für den sie über Dänemark hinaus große Aufmerksamkeit erfuhr. Mit Mads Mikkelsen, Paprika Steen, Sonja Richter und Nikolaj Lie Kaas eruiert dieser die Wechselhaftigkeit des Lebens und der Liebe, die durch einen folgenreichen Autounfall ausgelöst wird und die bis dahin stabilen Beziehungen irritiert. ELSKER DIG FOR EVIGT zeigt die Fragilität von Glück und die Endlichkeit der ›ewigen‹ Liebe, die (trotz zahlreicher ›Verstöße‹ gegen die Grundsätze des *Dogmas*) aus großer Nähe vermittelt werden. Ihr zweiter *Dogma*-verpflichteter Film BRØDRE (BROTHERS – ZWISCHEN BRÜDERN, 2004), dessen Drehbuch sie mit Anders Thomas Jensen verfasste, der später auch das Drehbuch zu Biers Ehedrama EFTER BRYLLUPPET (NACH DER HOCHZEIT, 2006) schrieb, behandelt das schwierige Verhältnis zweier Brüder zwischen dänischem Gefängnis (aus dem der eine gerade entlassen wird) und Militäreinsatz in Afghanistan (in den der andere aufbricht). Wieder stehen familiäre Verwirrungen im Fokus, die durch die Traumatisierungen des Krieges eine noch stärkere emotionale Zuspitzung erfahren. Mit Schauspieler Ulrich Thomsen und der verwendeten Digitalkamera führt der Film unangenehm nah an die Gewalt der Taliban heran und macht die Versehrungen deutlich, die hier wie dort von dieser Kultur der Gewalt befördert werden. Mit den nachfolgenden Filmen emanzipierte sich Bier erfolgreich von jeder Festlegung (auf die reine Komödien- wie auf die *Dogma*-Regisseurin), die in stetigem Wechsel zwischen Dänemark und den USA entstanden. Das erste Hollywood-Vorhaben, CHASING MONTANA mit Michelle Pfeiffer, konnte zwar nicht realisiert werden, aber mit der britisch-amerikanischen Ko-Produktion THINGS WE LOST IN THE FIRE (dt. EINE NEUE CHANCE) entstand der erste englischsprachige Film Biers, in dem Halle Berry und Benicio del Toro eine schwierige familiäre Situation zu bestreiten haben. SERENA (2014) mit Jennifer Lawrence und Bradley Cooper sowie die Miniserien THE NIGHT MANAGER mit Tom Hiddleston (Marvels Loki) und THE UNDOING (2020) mit Nicole Kidman und Hugh Grant bestätigten abermals, dass Bier erfolgreich vom *Dogma* losgekommen ist, die genaue Beobachtungsgabe und Stärke ihrer Alltagsdarstellungen jedoch in andere Filmstile transponieren konnte.

Auch wenn *Dogma* die internationale Wahrnehmung des dänischen Films dominierte, sind in den 1990er und 2000er Jahren natürlich auch andere Produktionen realisiert worden und durchaus zur Geltung gekommen. Die größten Erfolge waren Bille Augusts Filme, die allerdings mehrheitlich außerhalb Dänemarks entstanden, wie z.B. THE HOUSE OF THE SPIRITS (1993, nach Isabel Allendes *Das Geisterhaus* mit Meryl Streep, Jeremy Irons und Winona Ryder), LES MISÉRABLES (1998, nach Victor Hugos Roman mit Liam Neeson und Uma Thurman) sowie die Peter-Høeg-Verfilmung SMILLA'S SENSE OF SNOW (FRÄULEIN SMILLAS GESPÜR FÜR SCHNEE, 1997). Letzterer greift als transnationale Produktion das (post-)koloniale Verhältnis Dänemarks zu Grönland auf, um vor diesem Hintergrund eine vertrackte Thriller-Handlung zu entwerfen. Ausgangspunkt ist der Tod eines Inuit-Jungen in Kopenhagen, der mit dem Fund einer außerirdischen Energiequelle auf Grönland in Verbindung steht und den die zwischen den Kulturen stehende Smilla Jaspersen (Julia Ormond) aufzuklären versucht. Während die Vertreter der Institutionen (Gabriel Byrne) und Konzerne (Richard Harris) überwiegend im Dunkeln tappen, durchschaut Smilla mit besonderer Sensibilität (nicht zuletzt für den Schnee), was es mit dem Mord und dem Kampf um die Ressource auf sich hat. In Dänemark wiederum entstand NATTEVAGTEN (1994) von Ole Bornedal, mit Nikolaj Coster-Waldau in der Hauptrolle des Martin. Dieser heuert als Nachwächter in der Gerichtsmedizin an, gerät in Verdacht, sich nekrophil an den Leichen zu vergehen und wird schließlich für einen psychopatischen Triebtäter gehalten. Hinter den gut arrangierten Indizien steckt jedoch der ermittelnde Polizist, der ein Vorgänger Martins als Nachtwächter gewesen ist. Die Frage, warum sich internationale Filmverleiher so oft davor scheuen, nicht auf Englisch gedrehte Filme weltweit zu vertreiben, drängt sich bei einem Film wie NATTEVAGTEN auf. Denn das Hollywood-Remake NIGHTWATCH (FREEZE – ALPTRAUM NACHTWACHE, in dem ebenfalls Ole Bornedal Regie führte) floppte auf ganzer Linie, obwohl mit Ewan McGregor ein gefeierter Jungstar (TRAINSPOTTING) die Hauptrolle übernahm und mit Nick Nolte, Patricia Arquette und Josh Brolin weitere namhafte Darsteller zu sehen waren. NIGHTWATCH war ein Misserfolg an den Kassen wie auch in der Zuschauergunst (IMDB Ø 6,2 – NATTEVAGTEN immerhin 7,2). Für Coster-Waldau markierte die NACHTWACHE den vielversprechenden Beginn einer Karriere, die er in Hollywood erfolgreich fortsetzte: 2001 mit der Rolle des Master Sergeant Gary Ivan Gordon in BLACK HAWK DOWN, 2013 mit dem finsteren MAMA sowie OBLIVION, vor allem aber mit der HBO-Fantasyserie GAME OF THRONES (2011–2019), in der er mit der Rolle des Jaime Lannister eine der meistgehassten Hauptfiguren spielte. Mit DEMONS ARE FOREVER entstand unter erneuter Regie von Ole Bornedal ein Nachfolger zu NATTEVAGTEN – noch einmal sind Coster-Waldau, Kim Bodnia und Ulf Pilgaard in ihren alten Rollen zu sehen.

In eine ähnlich morbide Welt entführt Lars von Triers Krankenhausserie RIGET (dt. HOSPITAL DER GEISTER); der Originaltitel lässt sich einerseits als »Das Reich« verstehen, bezieht sich aber auch auf das Reichskrankenhaus Rigshospitalet, das umgangssprachliche »Riget« genannt wird. 1994 erscheint die erste Staffel, 1997 eine zweite (unbeeinflusst vom zwischenzeitlich aufgestellten *Dogma 95*) – und 25 Jahre später, 2022, schließlich noch eine dritte, die spürbar abweicht, weil vom ursprünglichen Cast zwischenzeitlich mehrere Schauspieler verstorben sind.

In RIGET geht es weniger um spektakuläre Notfälle oder realistische Darstellungen des belastenden Krankenhausalltags, sondern um paranormale Aktivitäten und Spiritismus. Die Handlung ist primär in der neurochirurgischen Station verortet, wo alle Vorgänge zunächst als wahnhafte Visionen der Patient:innen erscheinen. Lars von Trier selbst, der als diabolischer Ansager mit Mano cornuta einen »guten Abend« wünscht, antizipiert das schleichende Unheil und die ausgreifende Bedrohung, die sich langsam entfaltet. Es ist eine Bedrohung von innen, was sowohl für die Figuren wie den Gesamtkomplex des Krankenhauses gilt – Ärzte, die ihre eigenen Tumorerkrankungen zu therapieren versuchen etwa,

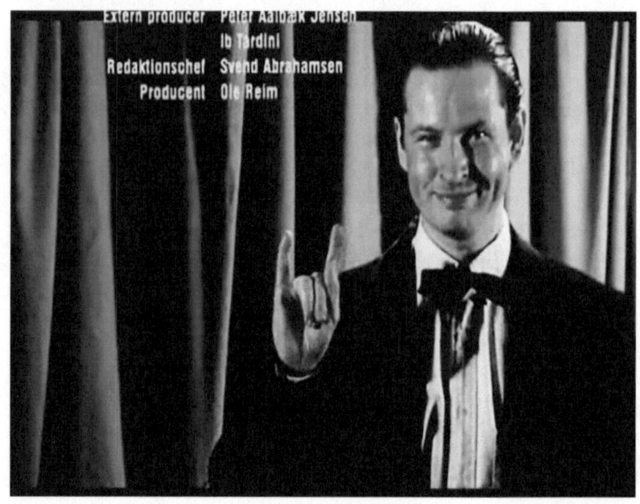

RIGET

aber auch äußere Gefährdungen, wie der Protagonist Stig Helmer (Ernst-Hugo Järegård), ein schwedischer Professor, der alles Dänische hasst und davon träumt, die Dänen mit »Plutonium in die Knie zu zwingen«. Im Alltag muss er sich damit begnügen, seinen Angestellten und Kollegen das Leben schwer zu machen und auf das Gesundheitssystem zu schimpfen, nicht zuletzt, um damit einen fatalen Kunstfehler zu überspielen, durch den ein Mädchen irreversibel geschädigt wurde. RIGET ist im Wortsinn fantastisch (im Sinne von Theoretikern wie Roger Caillois und Tzvetan Todorov) – was in der Krankenhauswelt wirklich real ist, bleibt stellenweise unklar, unterschiedliche Wahrnehmungen und Deutungen der Figuren lassen Voodoo, Geister, Untote und einen dort ansässigen Satanskult nicht immer klar zwischen Faktizität und Einbildung verorten. Das Krankenhaus wird dadurch zu einem Heterotop, einem »anderen Ort«[12] im Sinne Michel Foucaults, wenn auch ein wenig anders, als ihn der französische Theoretiker beschrieben hat. Denn in RIGET

12 Michel Foucault, »Von anderen Räumen« (1984), in: Ders.: *Dits et Ecrits/Schriften*. Bd. IV, hg. v. Daniel Defert/François Ewald. Frankfurt am Main 2005, S. 931–942.

sind die Grenzen durchlässig, die Zustände fluide, ganz so wie es das Geisterhaus aus dem klassischen Horrorfilm bzw. der Horrorliteratur auszeichnet.

Stephen King adaptierte den Stoff und entwickelte daraus eine dreizehnteilige Miniserie KINGDOM HOSPITAL (2004), die der Vorlage relativ genau folgt, die Handlung nach Maine verlegt (wo viele von Kings Romanen spielen) und das Krankenhaus durch eine Vielzahl von Bezügen (zu *Dolores*, *Carrie* oder zum *Der dunkle Turm*) in sein Werkuniversum einbindet.

Für Lars von Trier bedeutete die Serie einen großen Erfolg, die sein Image als sinistrer Trickster weiter verstärkte. Ein Film, der trotz ganz unterschiedlicher thematischer und ästhetischer Anlagen an die finster-satanischen Elemente anschließt, ist ANTICHRIST (2009). Mit Sicherheit einer der verstörendsten der in diesem Buch behandelten Filme, wenn nicht sogar überhaupt, denn märchenhafte Bilder und Stimmungen (der Film ist Andrei Tarkowski gewidmet) werden durch drastische Gewaltszenen gebrochen, das Schöne wird zum Schrecklichen, das aber anders als bei Christensen oder Dreyer kein anheimelnder Schrecken mehr ist. Es geht um ein Paar, das sein Kind verloren hat (es ist in der Stadt aus dem Fenster gestürzt) und im menschenleeren Gegenraum, einer Waldhütte, Ausflucht aus der Trauer sucht, indem der Mann seiner Frau psychotherapeutischen Beistand leisten will. Setting, Figurenkonstellation und Problembewältigung erinnern an Ingmar Bergmans VARGTIMMEN (DIE STUNDE DES WOLFS, 1968). Triers ANTICHRIST ist ein Mysterienspiel, die Figuren »Er« (Willem Dafoe) und »Sie« (Charlotte Gainsbourg) stehen als Archetypen stellvertretend für die Beziehung von Mann und Frau, dass der Wald Eden heißt, stellt die biblische Dimension her – ein Film über die Sündhaftigkeit des Menschen, die als Werk des Teufels gedeutet wird, der vor allem dann leichtes Spiel hat, wenn der Mensch als triebhaftes Wesen sich aus der Kultur herausbegibt. Wenn ein Fuchs äußert, dass das »Chaos regiert« und »Sie« die »Natur als Kirche Satans« bezeichnet, dann befinden sich die beiden im »Naturzustand« des Kampfes der Geschlechter, der (auch als Kampf gegen sich selbst) von den menschlichen Bestien bis aufs Blut geführt wird. Nach einer Reihe gegenseitiger schwerer Verletzungen erwürgt »Er« seine Frau und macht sich davon, um in der finalen Szene (die abermals Anleihen bei Tarkowski macht) von einer Armee gesichtsloser Frauen umringt zu werden. Nicht nur, weil »Sie« sich in ihrer Dissertation mit dem Thema Hexenverfolgung befasst hat, kommt dieser Schlussszene besonderes Gewicht zu – der ›ewige‹ Kampf findet niemals ein Ende, er produziert fortlaufend Opfer, tote Frauen und verkrüppelte Männer (die äußerlich zu dem werden, was sie innerlich schon längst waren). Der Film ist gespickt mit intertextuellen Referenzen auf fremde wie eigene Filme; das Tappen durch den (märchenhaften) Wald, die schonungslosen Gewalt- und (Selbst-)Verstümmelungsszenen, aber auch die starken Tarkowski-Anleihen binden ANTICHRIST zurück an von Triers allerersten Film BILDER DER BEFREIUNG (1982). Misogyn oder feministisch – der Film hat viele engagierte Kritiken und Interpretationen erfahren, die sich (wie es bei symbolisch hochaufgeladenen Kunstwerken häufig der Fall ist) gar nicht einmal widersprechen müssen. Klarer hingegen ist, dass dem Film wie so häufig bei Trier eine resignative Perspektive eignet, die Handlung erscheint als tragisch, da die Figuren als Typen unrettbar in verschiedene Abhängigkeiten verstrickt sind, aus denen sie sich nicht befreien *können*.

ANTICHRIST aber wurde zum Skandalfilm; an diese Form der Aufmerksamkeitserzeugung sollte Trier noch einige Male anschließen können, denn zu der sogenannten *Trilogie der Depression* kamen mit MELANCHOLIA (2011) und dem zweiteiligen NYMPHOMANIAC (2013) Filme hinzu, die zentrale Aspekte von ANTICHRIST weiterbearbeiteten. MELANCHOLIA die traumhaft-visionäre Seite, in dem Trier *Tristan und Isolde* einer Neuinterpretation unterzieht und Richard Wagner einen Großteil des Soundtracks liefert. Der Film erzählt von der jungen Justine (Kirsten Dunst), die das Ende der Welt voraussieht, das dann eintreten werde, wenn die Erde ihren »Totentanz« mit dem Planeten Melancholia vollendet habe und beide kollidieren werden. Am Ende löst sich dies erwartungsgemäß ein. Symbolisch und intertextuell ist MELANCHOLIA erneut überbordend, Tarkowski, Wagner und Freud illustrieren die chiliastischen Endzeiterwartungen, deren tragisches Eintreten abermals keine Alternativen kennt. Mehr *down to earth* ist NYMPHOMANIAC, dessen Director's Cut auf über fünf Stunden Spielzeit kommt. Die Protagonistin Joe (erneut von Charlotte Gainsbourg gespielt, die jüngere Joe von Stacy Martin) erzählt dem scheinbar asexuellen Junggesellen Seligman (Stellan Skarsgård) ihre (Sex-)Suchtbiografie. Diese wird durch explizite Sexszenen rekapituliert, die zum Teil mit Pornodarsteller:innen als Body Doubles gedreht wurden. Im Verlauf dieser 1001-Nacht-artigen Erzählung kommt es zur Umkehr, als Seligman auf die halbnackte, schlafende Joe onaniert, die ihn daraufhin erschießt. Auch hier bekommt der Pessimismus Recht, Auswege aus der Depression (die das menschliche Leben insgesamt zu bestimmen scheint) gibt es nicht, nur unterschiedliche Formen des Untergangs, des Leidens und individuellen Sterbens.

Einen anderen Kontrapunkt zu Lars von Triers Fatalismus markieren die Filme des einstigen *Dogma*-Gefährten Søren Kragh-Jacobsen, der wiederholt betonte, mit Frauen zusammenzuarbeiten, um ihre Perspektiven zur Geltung zu bringen (und nicht bloß eigene Projektionen). Dies wird unter anderem in SKAGERRAK (2003) mit Iben Hjejle deutlich, der von zwei Frauen erzählt, die es nach Schottland verschlägt, und Kragh-Jacobsens Bestreben zeigt, auch über *Dogma* hinaus das »Spektakuläre in den kleinen Dingen zu entdecken«[13] – ohne Weltuntergänge und andere große Effekte.

8 Nach Dogma – von den späten 2000ern bis zur Gegenwart

Mit den immer größeren Produktionsbudgets und den immer abenteuerlicheren Umsätzen, die insbesondere von Hollywood ausgehen, stellt der Film einen wichtigen Sektor der

13 So Kragh-Jacobsen in einem Gespräch mit *artechock filmmagazin*, www.artechock.de/film/text/interview/k/kraghjacobsen_1999.html, letzter Zugriff am 12.03.2024.

globalen Populärkultur dar. Importe sind die Folge, denn es ist der Logik des Populären geschuldet, dass das, was bereits viel Beachtung gefunden hat, auch anderswo beachtet werden *soll* (das Marketing von Firmen) und beachtet werden *will* (durch ein Publikum und seine Nachfrage). In den skandinavischen Ländern wird daher auch importiert, was in Deutschland, England, Frankreich, den USA und anderswo erfolgreich ist oder es zumindest zu werden verspricht. Dies wiederum geht meist deutlich schneller als in Deutschland, denn für gewöhnlich werden Filme im Originalton mit Untertiteln gezeigt, müssen also nicht kosten- und zeitaufwändig synchronisiert werden. Überhaupt sind die ersten zweieinhalb Jahrzehnte des 21. Jahrhunderts von vielfältigen inter- und transnationalen Transfers und Kooperationen gekennzeichnet. Einiges davon ist bereits in Verbindung mit Lars von Trier, Susanne Bier, Lone Scherfig oder Coster-Waldau angeklungen.

Sinnfällig wird dies unter anderem auch an Thomas Vinterberg, der für einen Videoclip der Band Metallica die Regie übernahm. In »The Day That Never Comes« aus dem Album *Death Magnetic* lässt er die Musiker 2008 durch die Wüste streifen – ein Versuch weniger popularitätssteigernder Mittel als der Nobilitierung der zwischenzeitlich in Ungnade gefallenen Metal-Größen, die in den frühen 2000ern nicht gerade ihre besten Alben veröffentlichten. Vinterberg ist jedoch seinem Heimatland neben einigen internationalen Produktionen – der Thomas-Hardy-Verfilmung FAR FROM THE MADDING CROWD (AM GRÜNEN RAND DER WELT, 2015) oder KURSK (2018) über den Untergang des russischen Atom-U-Boots – treu geblieben. Seine herausragenden Filme JAGTEN (2012) und DRUK (2020) entstanden in Dänemark und auf Dänisch. In JAGTEN (DIE JAGD) lässt er den Erzieher Lucas (Mads Mikkelsen) Opfer einer Lüge und fast fatalen Ächtung werden, als er zu Unrecht des Exhibitionismus bezichtigt wird. Wie so oft in seiner Karriere schafft es Mikkelsen würdevoll eine gebrochene Figur zu verkörpern, die Skepsis und Ablehnung durch ein soziales Kollektiv erfährt. Mikkelsen war auch in Vinterbergs bislang letztem Film zu sehen: DRUK (DER RAUSCH, 2020), der in Folge der Corona-Pandemie verspätet in die Kinos kam, vollzieht ein pädagogisches Experiment nach, bei dem vier Lehrer einen zunächst moderaten, dann immer stärkeren Alkoholkonsum in ihren schulischen Alltag integrieren, um der These nachzugehen, ob der Mensch tatsächlich mit einem zu niedrigen Blutalkoholwert geboren werde. Wie nicht anders zu erwarten, gerät dies außer Kontrolle und fordert seine Opfer.

Als einer der weltweit bekanntesten und am meisten gefeierten Regisseure und Drehbuchautoren hat auch Nicolas Winding Refn (*1970) Dänemark in Hollywood repräsentiert. Winding Refn wurde von klein auf mit Film konfrontiert – seine Mutter Vibeke Winding ist Fotografin und Kamerafrau, sein Vater Anders Refn als Regisseur und vor allem als Editor tätig. Nach einem Studium in den USA, das er ohne Abschluss beendete, kehrte Winding Refn nach Dänemark zurück und landete gleich mit seinem ersten Film PUSHER (1996) einen großen Überraschungserfolg. PUSHER (dt. »Drücker«, eine Bezeichnung für Drogendealer) geriet auch international zum vielbeachteten Debüt, das für den bis dato unbekannten Mads Mikkelsen zum Ausgangspunkt einer Weltkarriere wurde. Mikkelsen spielte zunächst den Sidekick des Drogendealers Frank (Kim Bodnia), der nach einem verunglückten Deal Ärger mit dem serbischen Drogenbaron Milo hat, weshalb er um Geld und sein Leben kämpfen muss. Der stimmungsvolle wie rasante Erstling wurde zum Überraschungserfolg, was letztlich die beiden Fortsetzungen ermöglichte, die mit einiger Verspätung in den Jahren 2004 und 2005 in die Kinos kamen. Die Trilogie zeichnet ein düsteres Bild von den Rändern der Gesellschaft, auch wenn die Hauptfiguren wechseln und unterschiedliche Milieus in den Fokus rücken. In PUSHER II wird Tonny-Mikkelsen zur Hauptfigur, der um die Gunst seines (Verbrecher-)Vaters ringt und für ein Kind Alimente aufbringen muss, von dem er bis zu seiner Haftentlassung überhaupt nichts gewusst hat. Beides geht in seiner unglücklichen Lage nur über den (immer kürzeren) Weg der Kriminalität. In PUSHER 3 wiederum steht der von Zlatko Burić gespielte Milo im Fokus, der bereits einen Schlussstrich unter sein altes Leben setzen wollte, aber doch von den Drogen und illegalen Geschäften eingeholt wird. Nach eher ruhigem Beginn steuert der Film auf das drastischste Ende aller drei Teile zu. Dass Winding Refn in allen Filmen für Drehbuch und Regie verantwortlich war, hat den Filmen trotz der personellen Rotation einen einheitlichen Stil und große Kontinuität verpasst; auch dass neben Dänisch Serbisch gesprochen wird, trägt zur eigenen Handschrift der Trilogie bei. Die weltweite Beliebtheit zeigt sich auch hier in zwei Remakes. PUSHER wurde 2010 in einer indisch-britischen Produktion von und mit Assad Raja nach London verlegt, die Figuren jedoch sprechen allesamt Hindi. Ebenfalls nach London verlegt ihn das englischsprachige Remake PUSHER (2012) von Luis Prieto, neben Hauptdarsteller Richard Coyle ist erneut Zlatko Burić als Milo zu sehen.

Nicolas Winding Refn ist auch, aber nicht nur wegen der PUSHER-Filme zu einem der profiliertesten skandinavischen Regisseure unserer Zeit geworden. Ein gewichtiger Baustein seines Œuvres ist VALHALLA RISING (2009), ein Post-Wikingerfilm, der zwischen Splatter und Art House vollkommen anders verfährt als sämtliche Wikingerfilme vor und nach ihm, von Richard Fleischers THE VIKINGS (1958) bis zur Netflix-Produktion VIKINGS: VALHALLA (2022 f.).

VALHALLA RISING zeigt die Irrfahrten des schweigenden One Eye (Einauge, gespielt von Mads Mikkelsen), die über weite Strecken ereignislos mit an Tarkowski erinnernden, langen und geradezu meditativen Einstellungen verfolgt werden. Beeindruckend sind vor allem die Bootspassagen im Nebel, die fast nur mit Licht- und Schattenspielen arbeiten und die starke Reduktion der Handlungselemente auf die Spitze treiben. Umso stärkere Kontraste entstehen, wenn zwischen diesen langen und ruhigen Szenen Kämpfe ausgetragen werden, bei denen stets viel Blut spritzt (die eruptiven wie exzessiven Gewaltdarstellungen sind ein wiederkehrendes und wiederholt kritisiertes Stilmittel in Refns Schaffen). Der Film ist eine kluge Reflexion auf das, was die so abenteuerlich klischierten Wikingerfahrten vor allem gewesen sind: lang und ungewiss. Die kriegerischen Auseinandersetzungen sind immer nur Ausnahmesituationen gewesen, in denen zur Äußerung kam, wofür Wikinger im Film hauptsächlich stehen: exzessive Gewalt, die dem Willen Aus-

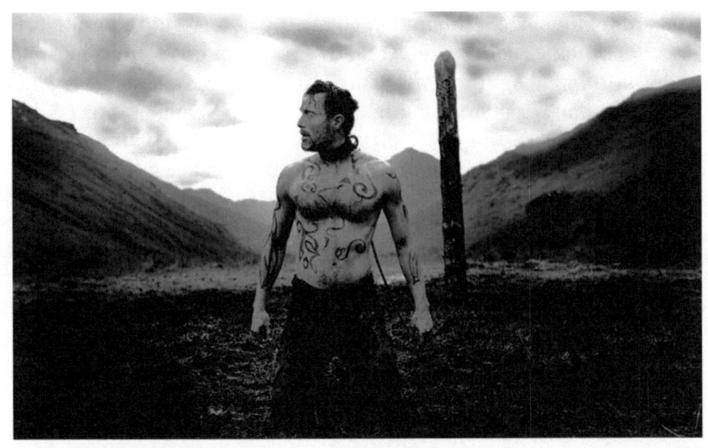

Mads Mikkelsen in VALHALLA RISING

druck verleiht, zu erobern, sich Land anzueignen und Menschen zu unterwerfen. Dass Winding Refns namenloser Krieger (fast) allein vorgeht und auf Handel oder andere Formen des symbolischen Austauschs verzichtet (mit Ausnahme eines Jungen, den er mehrmals rettet), verleiht ihm eine Symbolkraft, die weit über die Wikingerzeit und das hohe Mittelalter hinausgeht. Der von Mikkelsen verkörperte One Eye ist ein zeitenferner Verwandter des »Fahrers«, der in Winding Refns (vielleicht bislang bestem) Film DRIVE (2011) von Ryan Gosling an der Seite von Carey Mulligan gespielt wurde. Auch die Stimmung und dichte Atmosphäre (die hier allerdings stark von einem außergewöhnlichen Soundtrack geprägt wird) schließen an das Historienepos an. Beide Filme, wie auch zuletzt einige Serienproduktionen TOO OLD TO DIE YOUNG (für Amazon, 2019) und die Enid-Blyton-Verfilmung THE FAMOUS FIVE (DIE FÜNF FREUNDE, 2023) zeigen, dass Winding Refns Filmschaffen außerhalb Dänemarks stattfindet (meist in den USA, zuletzt aber auch in England).

Grotesker Humor dänischer Provenienz ist mit einem Namen synonym: Anders Thomas Jensen (*1972), der gleich für eine ganze Reihe äußerst beliebter Filme verantwortlich ist, die zumeist als Komödien gelabelt werden – die aber nie ungebrochen heiter sind, sondern in denen das Komische stets mit dem Abgründigen, Skurrilen und Tragischen einhergeht. Jensen schrieb die Drehbücher zu Lasse Spang Olsens I KINA SPISER DE HUNDE (IN CHINA ESSEN SIE HUNDE, 1999) und dessen späterem Prequel GAMLE MÆND I NYE BILER (OLD MEN IN NEW CARS, 2002). Er führte selbst Regie bei BLINKENDE LYGTER (BLINKENDE LICHTER, 2000, nach einem Gedicht Tove Ditlevsens), DE GRØNNE SLAGTERE (DÄNISCHE DELIKATESSEN, 2003), ADAMS ÆBLER (ADAMS ÄPFEL, 2005) und RETFÆRDIGHEDENS RYTTERE (HELDEN DER WAHRSCHEINLICHKEIT, 2020). Die in BLINKENDE LICHTER gezeigten Kleinkriminellen mit ihren Kindheitstraumata und eigenwilligen Äußerungsformen (gespielt von Ulrich Thomsen und Mads Mikkelsen, der wie auch Nikolaj Lie Kaas und Tomas Villum Jensen immer wieder in Jensens Filmen mitwirkte) rücken ein ähnliches Milieu wie das der PUSHER-Filme in den Fokus, lösen aber die eigentlich existenzielle Schwere der Themen und Probleme durch den Humor größtenteils auf. Ob Banküberfälle, Drogen- und Alkoholkonsum, Tumorerkrankungen, Missbrauch, Kannibalismus oder Neonazis – alles, was in der Realität Menschen das Leben schwer macht und lebensbedrohlich sein kann, erfährt bei Jensen seine Wendung ins Groteske, das sich verlachen, aber nicht austreiben lässt. Seine Sympathie jedoch gilt den Betroffenen und Gebrochenen, wie Bjarne und Svend aus DÄNISCHE DELIKATESSEN oder Pfarrer Ivan aus ADAMS ÄPFEL, deren eigentliche Güte gegen alle Widerstände gesellschaftlicher Schieflagen (und individueller Bedrohungen) behauptet werden kann. Was in unzählbar vielen Szenen makaber und böse erscheint, steht doch letzten Endes unter einem guten Stern, der Wärme und – dies mag angesichts der Gewalttaten und sporadischen Todesfälle kontraintuitiv klingen – Humanität. Das gilt auch für die zahlreichen Drehbücher, die Jensen vor allem für Susanne Bier, aber auch Lone Scherfig, Søren Kragh-Jacobsen und Kristian Levring verfasst hat, was einmal mehr die enge Verbindung der Filmschaffenden in Dänemark anzeigt. Jensen war auch an der Verfilmung der achtbändigen Fantasy-Romanserie *Der Dunkle Turm* (*The Dark Tower*) von Stephen King beteiligt, die 2017 mit Idris

Elba in der Hauptrolle realisiert wurde und insgesamt einen starken dänischen Anteil hatte: Rasmus Videbæk übernahm die Kameraarbeit, Nikolaj Arcel arbeitete ebenfalls am Drehbuch mit und führte Regie.

Arcel (*1972) ist ein weiterer Vertreter der jüngeren Generation, der sich mit dem viel beachteten und gelobten Fantasyfilm DE FORTABTE SJÆLES Ø (INSEL DER VERLORENEN SEELEN, 2007) und der Tragikomödie SANDHEDEN OM MÆND (DIE WAHRHEIT ÜBER MÄNNER, 2010) einen Namen gemacht hat. Von besonderem Interesse ist der Historienfilm EN KONGELIG AFFÆRE (DIE KÖNIGIN UND DER LEIBARZT, 2012) mit Mads Mikkelsen in der Rolle des Aufklärers und Mediziners Johann Friedrich Struensee (1737–1772), der als Leibarzt des vermutlich schizophrenen Königs Christian VII. diente. Infolge einer Affäre mit der Königin Caroline Mathilde und allzu eifrigen Reformbestrebungen wurde Struensee durch eine Intrige zu Fall gebracht und hingerichtet. Obwohl ursprünglich Per Olov Enquists vielbeachteter Roman *Besuch des Leibarztes* als Vorlage verwendet werden sollte, an dem die Rechte bereits vergeben waren, wurde Bodil Steensen-Leths Struensee-Roman *Prinsesse af blodet* als Grundlage herangezogen. Anstelle von Bille Augusts Historienfilm MARIE KRØYER wurde Arcels Verfilmung für einen Oscar als »Bester fremdsprachiger Film« nominiert. An Filmen wie diesen zeigt sich, dass die Bedeutung von Literaturverfilmungen kaum nachgelassen hat, insbesondere Bille August hat immer wieder auf Romanstoffe zurückgegriffen, etwa für NACHTZUG NACH LISSABON (2013, nach dem Roman von Pascal Mercier), LYKKE-PER (2018, nach Henrik Pontoppidans Roman) und zuletzt EHRENGARD (2023, nach dem gleichnamigen Roman von Karen Blixen), mit denen August nach Dänemark und zur dänischen Sprache zurückkehrte. Doch auch in anderen Genres lieferten literarische Vorlagen beliebte Stoffe, so zum Beispiel für die Verfilmungen der Jussi-Adler-Olsen-Romane um den Kommissar Carl Mørck (Nikolaj Lie Kaas), für die Arcel neben wechselnden Regisseuren als Drehbuchautor mitverantwortlich gewesen ist. Auch die in Deutschland abermals unter markanten Einwort-Titeln veröffentlichten KVINDEN I BURET (ERBARMEN, 2013), FLASKEPOST FRA P (ERLÖSUNG, 2016) und JOURNAL 64 (VERACHTUNG, 2018) entstanden unter seiner Mitwirkung.

Ein ungewöhnliches Experiment im Thriller-Bereich ist Gustav Möller mit DEN SKYLDIGE (THE GUILTY, 2018) gelungen, da sich Handlung und Ermittlung überwiegend am Telefon abspielen, über das ein Polizeibeamter (Jakob Cedergren) und ein vermeintliches Entführungsopfer (Jessica Dinnage) in Kontakt stehen. Die Spannung entsteht aus den ungleichen Polen und ihren stationär gebundenen Perspektiven, die nicht aus ihrer jeweiligen Lage hinauskönnen, allerdings durch denselben Komplex aus Schuld, Verantwortung und Wahrhaftigkeit verbunden sind. Mögen dänische Krimiserien in der Wahrnehmung vielleicht ein wenig hinter den ubiquitären schwedischen Exporten zurückstehen, gibt es aber auch hierbei einige Ausnahmen, wie z. B. ØRNEN. EN KRIMI-ODYSSÉ (DER ADLER – DIE SPUR DES VERBRECHENS, 2004–2006), eine dänisch-deutsch Koproduktion unter geteilter Regie (neben vier weiteren ist u. a. Niels Arden Oplev beteiligt). DER ADLER wurde in Dänemark zu einem großen Ereignis, das den von Jens Albinus (auch in IDIOTEN, DANCER IN THE DARK und NYMPHOMANIAC zu sehen) gespielten isländischen Hauptermittler Hallgrim Ørn Hallgrimsson (er trägt den »Adler« bereits im Namen) in einer ›Odyssee‹ durch ganz Europa führt. Während die Ermittlungen zeitgenössische Probleme durch das (internationale) organisierte Verbrechen behandeln, aktualisiert die Serie zugleich die antiken Mythen und ihre symbolischen Mehrdeutigkeiten. Große Beachtung fand 2009 auch der erste Teil der Verfilmung von Stieg Larssons sogenannter *Millennium*-Trilogie MÄN SOM HATAR KVINNOR (in Deutschland VERBLENDUNG, eigentlich »Männer, die Frauen hassen«), bei der Niels Arden Oplev ebenso Regie führte wie bei FORBRYDELSEN (KOMMISSARIN LUND – DAS VERBRECHEN, 2007–2012), einer dem Nordic Noir verpflichteten und vor allem in Deutschland populären Serie, und bei der Pilotfolge »The Greenlanders« der Netflix-Serie VIKINGS: VALHALLA (2022). Oplev reüssierte auch in Hollywood, wo er mit dem Thriller DEAD MAN DOWN (2013) debütierte, während die *Millennium*-Filme dort durch David Fincher zeitnahe Remakes erfuhren.

Im Kontext Nordic Noir ist auch die Serie BROEN (DIE BRÜCKE – TRANSIT IN DEN TOD) zu verorten, die in vier Staffeln (2011–2018) dänisch-schwedische Grenzverläufe in den Blick nimmt. Wie am Beispiel der Brücke deutlich wird, geht es um die Zuständigkeit der Polizei und die Gültigkeit von Gesetzen, wenn diese im wahrsten Sinne des Wortes auf der Grenze liegen. Die teils offenen, teils sehr feinen Unterschiede kommen aber vor allem in der Sprache zum Ausdruck – man versteht sich zwar zum größten Teil, spricht aber dennoch nicht dieselbe Sprache, was die Details und Besonderheiten immer wieder bewusst in Szene setzt. BROEN begann mit Kim Bodnia, der in den ersten beiden Staffeln als Kommissar Martin Rohde agierte und seinen Ausstieg damit erklärte, dass er sich als Jude in Malmö und der Öresund-Region nicht mehr sicher fühle – ein Verlust für die Serie, und ein trauriges Zeugnis für die soziokulturelle Entwicklung (nicht nur) der Großstädte, denen es nicht gelingt, den grassierenden Antisemitismus zu (ver-)bannen.

Wie so viele skandinavische Filme und Serien (besonders prominent waren dies unter anderem die Stieg-Larsson-Verfilmungen der *Millennium*-Trilogie oder der Vampirfilm LÅT DEN RÄTTE KOMA IN als LET ME IN) hat auch die BRÜCKE ein englischsprachiges Remake erfahren. THE BRIDGE – AMERICA (2013–2014) verlegt die Handlung an die Grenze zwischen den USA und Mexiko. Die Serie mit Diane Kruger zeigt, dass der Plot zweifelsfrei funktioniert, aber die Eigenheiten verloren gehen, weil die Kontexte regionsspezifisch völlig andere sind (was leider bereits bei den meisten Übersetzungen und Synchronisationen der Fall ist, die vor allem in Deutschland viele skandinavische Produktionen sehr ähnlich klingen lassen).

Internationale (Grenz-)Verhältnisse und nahe Fremde stehen auch in GAESTERNE (2023) im Zentrum, wenngleich sie im internationalen Titel SPEAK NO EVIL nicht mehr auftauchen. Die dänisch-niederländische Koproduktion unter Regie von Christian Tafdrup hat viel Aufmerksamkeit erfahren. Zwei Familien – eine aus Dänemark, eine aus den Niederlanden – machen im Toskana-Urlaub miteinander Bekanntschaft, was zu einer Einladung führt, die sich nach Missverständnissen und sukzessiven Grenzüberschreitungen als Falle entpuppt. Ein Thriller, der von der Arglosigkeit derer lebt, die nichts ausschlagen können und den Stereotypen der per se ›freundlichen‹ Nationen so sehr verhaftet sind, dass sie das perfide (an Michael Hanekes FUNNY GAMES erinnernde) Spiel nicht zu durchschauen vermögen.

Was die internationale Filmproduktion und ihr Markt hervorbringen, das spiegelt sich auch im Filmschaffen des vergleichsweise kleinen Landes, das sich aber (gerade weil es immer wieder eigenständige Interpretationen und Abweichungen gegeben hat) in Sachen Qualität nicht hinter den großen Filmnationen verstecken muss. Wie die Geschichte des Films immer wieder aufs Neue beweist, ist man nicht faul im Staate Dänemark – auch wenn viele Filme darauf hindeuten, dass sich seit Hamlet wenig an der Konstellation von Sex, Crime und (übernatürlichem) Grauen geändert hat, aus der immer noch und immer wieder faszinierende Geschichten und Bilder entstehen.

Filmauswahl

AFGRUNDEN, 1910 / DER ABGRUND (auch ABGRÜNDE)

HÄXAN, 1922 / DIE HEXE (auch HEXEN)

LA PASSION DE JEANNE D'ARC, 1928 / DIE PASSION DER JUNGFRAU VON ORLÉANS

VAMPYR. DER TRAUM DES ALLAN GREY, 1932

AFSPORET, 1942 / ENTGLEISTE MENSCHEN (auch DERAILED)

DE RØDE HESTE, 1950 / DIE ROTEN PFERDE

PELLE EROBREREN, 1987 / PELLE DER EROBERER

BABETTES GÆSTEBUD, 1987 / BABETTES FEST

BREAKING THE WAVES, 1996

PUSHER-Trilogie (v. a. 1996; 2004, 2005)

SMILLA'S SENSE OF SNOW, 1997 / FRÄULEIN SMILLAS GESPÜR FÜR SCHNEE

1999 / IN CHINA ESSEN SIE HUNDE

FESTEN, 1998 / DAS FEST

RIGET, v. a. 1995; 1997 / (HOSPITAL DER) GEISTER

ITALIENSK FOR BEGYNDERE, 2000 / ITALIENISCH FÜR ANFÄNGER

BRØDRE, 2004 / BROTHERS – ZWISCHEN BRÜDERN

ADAMS ÆBLER / ADAMS ÄPFEL (2005)

VALHALLA RISING, 2009

JAGTEN, 2012 / DIE JAGD

DRUK, 2012 / DER RAUSCH

Weiterführende Literatur

Manfred Behn (Red.), *Schwarzer Traum und weiße Sklavin. Deutsch-dänische Filmbeziehungen 1910–1930*, München 1994.

Jörg von Brincken (Hg.), *Nicolas Winding Refn*, München 2019.

Constanze Gestrich, *Die Macht der dunklen Kammern: die Faszination des Fremden im frühen dänischen Kino*, Berlin 2008.

Karola Gramann/Heide Schlüpmann et al. (Hg.), *Asta Nielsen, ihr Kino, ihre Filme* (2 Bände), Wien 2009.

Lee Grieveson/Peter Krämer (Hg.), *The Silent Cinema Reader*, London/New York 2004.

Eva Jørholt/Peter Schepelern (Red.), *100 års dansk film*, København 2001.

Matthias N. Lorenz (Hg.), *DOGMA 95 im Kontext. Kulturwissenschaftliche Beiträge zur Authentisierungsbestrebung im dänischen Film der 90er Jahre*, Wiesbaden 2003. doi.org/10.1007/978-3-663-07874-6

Missy Molloy/Mimi Nielsen/Meryl Shriver-Rice (Hg.), *The films of Susanne Bier*, Edinburgh 2018.

Niels Penke (Hg.), *Der skandinavische Horrorfilm. Kultur- und ästhetikgeschichtliche Perspektiven*, Bielefeld 2013.

Morten Piil (mit Christian Monggaard, Dan Nissen u. Kim Skotte), *Danske filminstruktører*, København 2005.

Stephan Michael Schröder, *Ideale Kommunikation, reale Filmproduktion. Zur Interaktion von Kino und dänischer Literatur in den Erfolgsjahren des dänischen Stummfilms 1909–1918*. 2 Teilbände, Berlin 2011. doi.org/10.38071/2023-00882-9

Andreas Sudmann, *Dogma 95. Die Abkehr vom Zwang des Möglichen*, Hannover 2001.

C. Claire Thomson/Isak Thorsen/Pei-Sze Chow: *A history of Danish cinema*, Edinburgh 2021.

Personenregister